中国石油

HBYT-JCJ-1-13

# 华北油田组织史资料（基层卷）

## 第一部　第十三卷

### 苏里格项目部

（2008—2015）

华北石油管理局苏里格勘探开发分公司｜编

石油工業出版社

**图书在版编目（CIP）数据**

华北油田组织史资料．基层卷．第一部．第十三卷 / 华北石油管理局苏里格勘探开发分公司编．-- 北京：石油工业出版社，2025．6．-- ISBN 978-7-5183-7532-5

Ⅰ．F426.22

中国国家版本馆 CIP 数据核字第 2025KP0660 号

**华北油田组织史资料　基层卷　第一部　第十三卷（2008—2015）**

**华北石油管理局苏里格勘探开发分公司　编**

---

项目统筹：冀宇飞　李廷璐

图书统筹：李廷璐

责任编辑：孟海军

责任校对：刘晓雪

出版发行：石油工业出版社

（北京市朝阳区安华里 2 区 1 号楼　100011）

网　址：www.petropub.com

编辑部：（010）64219117　64523611

图书营销中心：（010）64523731　64523633

印　　刷：北京中石油彩色印刷有限责任公司

---

2025 年 6 月第 1 版　2025 年 6 月第 1 次印刷

787×1092 毫米　开本：1/16　印张：5.5

字数：87 千字

---

定价：78.00 元

ISBN 978-7-5183-7532-5

9 787518 375325 >

# 《华北油田组织史资料（基层卷）
# 第一部　第十三卷》
# 编审委员会

**主　　任：** 谷文彬

**副 主 任：** 吴　刚　叶连池　苏向义　李先平

**委　　员：** （以姓氏笔画为序）

于志平　王　峰　王立治　孙占贵　闫庆国　杨卫东

杨其凯　张跃辉　果振山　袁福申　徐晓峰　常志刚

# 编 纂 组

**组　　长：** 于志平

**责任编纂：** 王桂同

**编辑编务：** 郭　宁

**特邀统稿：** （以姓氏笔画为序）

王志远　王孟嘉　孙玉传　刘家铭　贾书芳　阙一泓

# 前　　言

2013 年 4 月，在华北油田分公司组织史编纂办公室的指导下，中国石油天然气股份有限公司华北油田分公司苏里格项目部启动《华北油田组织史资料（基层卷） 第一部　第十三卷》的编纂工作。本书旨在全面、系统、准确地记录苏里格项目部的机构沿革、人事更迭等情况，使广大读者对苏里格项目部人事组织机构演变有比较系统的了解。

2008 年 5 月，长庆油田进行风险合作区块第二期招标，华北油田分公司中标苏里格气田苏 75 区块。7 月，华北油田分公司组建苏里格项目部，机构规格副处级，主要负责苏里格气田苏 75 区块天然气开发建设和管理工作，以及华北油田分公司所属器材供应处、井下作业公司、工程建设公司、运输公司、通信公司、路桥公司、第二采油厂 7 个二级单位在苏里格地区的外部市场开发、协调与管理工作。

2010 年 6 月，华北油田分公司将苏里格项目部调整为所属正处级单位，全面负责苏里格气田苏 75 区块天然气勘探开发和长庆油田的市场开发与协调工作。

2013 年 12 月，为加强和规范对长庆油田业务外包工作的管理，华北油田分公司决定，将长庆油田业务外包工作调整到苏里格项目部管理，由苏里格项目部全面负责长庆油田业务外包管理工作。

2015 年 1 月，按照集团公司关于风险作业服务商务运行模式的有关要求，撤销华北油田分公司苏里格项目部，成立华北石油管理局苏里格项目部。

2015 年 2 月，苏里格项目部在内蒙古自治区鄂尔多斯市乌审旗工商局注册为华北石油管理局非法人分支机构。

2015 年 7 月，苏里格项目部负责的长庆油田业务外包工作划转河北华北油田友信勘探开发服务有限公司，按照“人随机构、业务走”的原则，相关机构、人员一并划转。

苏里格项目部自成立以来，立足苏里格气田苏 75 区块建设，致力于长庆油田市场开发，以争创一流工作业绩为目标，扎实推进产能建设、开发稳产、安全生产、科技创新、党的建设、员工队伍建设等工作，获得多项荣誉。2012 年，中华全国总工会授予苏 75 采气作业区“工人先锋号”称号。2013 年，在集团公司建设“西部大庆”劳动竞赛（第二阶段）先进集体和先进个人评选中，工程地质所获评建设“西部大庆”劳动竞赛先进集体，苏 75 采气作业区采气站获“铁人先锋号”称号；同年，华北油田分公司党委授予苏里格项目部领导班子“优秀‘四好’领导班子”称号；工程地质所党支部书记、常务副所长王立治获全国“五一劳动奖章”。2014 年，苏里格项目部经理、党委副书记王万迅获全国“五一劳动奖章”。同年，中华全国总工会授予苏里格项目部工程地质所“工人先锋号”称号；生产运行部获评集团公司建设“西部大庆”劳动竞赛先进集体。2015 年，华北油田分公司授予苏 75 采气作业区“先进集体”称号。

截至 2015 年 12 月，苏里格项目部下设职能部门 6 个，直属单位 2 个，在册员工 172 人（包括任丘市华北油田友信劳务有限公司员工 60 人）。建成集气站 3 座，投产气井 348 口，累计生产天然气 46.07 亿立方米，外部市场累计实现收入 48.16 亿元。

苏里格项目部组织史资料的编纂完成，对广大干部员工了解苏里格项目部的历史沿革有着重要的作用。由于编纂工作复杂、部分资料缺失等，加上编纂人员水平有限，书中难免存在不足，恳请广大读者及时批评指正。

苏里格项目部组织史资料编纂组

2024 年 4 月

# 凡　例

一、本书按照中国石油天然气集团公司下发的《〈中国石油组织史资料〉编纂技术规范》和华北油田分公司下发的《〈中国石油华北油田组织史资料〉编纂技术规范》进行编纂。

二、指导思想。本书以马列主义、毛泽东思想、邓小平理论、“三个代表”重要思想、科学发展观、习近平新时代中国特色社会主义思想为指导，坚持辩证唯物主义和历史唯物主义的立场、观点和方法，按照实事求是的原则和“广征、核准、精编、严审”的工作方针，以 2015 年 12 月时的华北油田分公司各所属单位为对象，追溯历史，全面客观地记述各所属单位自成立以来的组织机构演变发展历程和人事变动情况，以期发挥“资政、存史、育人、交流”的作用。

三、断限。本书收录上限始于各单位成立之日，下限断至 2015 年 12 月。

四、指代。本书中“总公司”指代中国石油天然气总公司，“集团公司”指代中国石油天然气集团公司，“股份公司”指代中国石油天然气股份有限公司，“华北油田分公司”指代中国石油天然气股份有限公司华北油田分公司，“管理局”指代华北石油管理局。“中国石油”以 1988 年 9 月中国石油天然气总公司成立为界，之前泛指中国石油工业。“华北油田”以 1981 年 6 月为界，之前泛指华北石油会战指挥部所属油田（含大港油田），之后泛指华北石油管理局与华北油田分公司。

五、资料的收录范围。本书收录的资料分 3 个部分：一是组织机构沿革及领导成员名录等正文收录资料；二是组织人事统计资料及其他相关人员名录等附录资料；三是组织人事大事纪要等资料。

组织机构收录范围主要是依据行政隶属关系和股权管理确定，领导名录收录范围主要是按照干部管理权限确定。具体包括：各单位的领导机构及其领导成员，机关部门、附属单位、直属单位、所属单位、控股公司领导机构及其领导班子成员。参股公司只收录属华北油田分公司（华北石油管理局）

员工（职工）的董事、监事、高级经营管理人员或股东代表。

附录主要内容包括：组织机构设置序列和沿革图，局级及以上专家、技术能手，副高级以上职称等高层次人才队伍人员名录，全国及省（市）、县党代表、人大代表、政协委员名录，局级及以上先进集体、先进个人和石油英模名录，企业主要经营指标完成情况及历年人事劳资统计简表等。每卷附录收录内容依据各单位实际情况而定。

组织人事大事纪要主要收录干部任免、人事劳资、教育培训等重要组织人事业务的时间、决定机关、依据文件、主要内容或结果等。

六、资料的收录原则。党、政组织机构较详，其他组织机构较略；本级机构较详，下属组织机构较略；存续下来的机构较详，期间撤销或划出的组织机构较略；组织机构及领导成员资料较详，其他资料较略。

七、编纂结构体例。本书采取“先分阶段，再分层级，后分层次”横竖结合的方法，按卷、编、章、节、目等层次进行编纂，按机构名称设卷分册。各单位自成一卷，各卷根据内容篇幅分册。全书共分为 37 卷 40 册。其中，第 1 至第 11 卷为常规油气业务板块单位，第 12 至第 13 卷为新能源板块和对外合作板块单位，第 14 至第 16 卷为多种经营板块单位，第 17 至第 28 卷为矿区服务板块单位，第 29 至第 37 卷为生产服务及社会服务板块单位。

各卷根据本单位历史沿革分为若干编，各编第一章章下不设节，直接分条目收编具体的党政组织机构领导名录；正文其他各章以本章所收编的具体机关部门、企事业单位或具体建制单位等分别设节，节下收编具体的组织机构。一般按照机关职能部门、直属单位、所属单位性质的机构单独设一节，机关附属单位根据具体情况单独占节或收录在相应业务从属部门的节下。

各卷、编附录主要以表格或列项的形式收录。

八、本书采用文字叙述、组织机构及领导成员名录、图表相结合的编纂体例进行资料编排。

（一）组织机构沿革文字叙述的编排。本书文字叙述起连接机构、名录、图表的链条作用，主要包括综述、分述和简述。在各卷或编首写有本单位组织机构的综述，主要记述该时期本级组织机构的基本简况、沿革变化及其历史背景；下属工作机构和所属单位的机构改革、体制调整等组织沿革情况；本级组织机构在企业管理和改革、生产经营、干部和员工队伍建设、党的建设和企业文化建设等方面所采取的重大决策、重要措施及取得的主要成绩等内容。

在各章之首，写有本时期领导机构、机关工作部门、所属单位每个层次的分述，主要围绕本层次组织机构发展主线，采取编年纪事与本末纪事相结合的方式，简要概述本层次机构所涉及的重大管理体制调整、组织机构调整、业务重组整合、领导届次变化和组织机构的基本概况。

在各节或目下，分别收编具体组织机构，一般分为两部分：第一部分为该组织机构沿革的文字简述，第二部分为该组织机构及领导成员名录。简述主要记述该机构建立、撤销、分设、合并、更名、职能变化、业务划转、规格调整、体制调整的依据及结果，上级下属、内部机构设置及人员编制的变化情况，机构驻地和生产规模、工作业绩概况等。

（二）组织机构的编排顺序。一般按机构成立时间先后或编纂下限时的规范顺序排列。工作机构，按照职能部门、直属单位（派出机构列直属单位一章）均按时间顺序收编；各所属企事业单位按其成立时间先后或编纂下限时机构设置序列表为序，有明确规范排序的，按规范的顺序。

领导机构原则上在 1988 年实行局（厂）长负责制以前，按党的领导机构、纪委领导机构、行政领导机构和工会领导机构依次编排，1988 年实行局（厂）长负责制之后，按行政领导机构、党的领导机构、纪委领导机构和工会领导机构依次编排。同时，为了规范简洁，编纂时间段跨 1988 年的按照行政领导机构、党的领导机构、纪委领导机构和工会领导机构依次编排，有明确规定的按规定顺序编排。设董事会、监事会的，董事会、监事会列在行政领导机构前。收录助理、副总师的，列在工会领导机构后。

（三）领导名录的编排顺序。一般按正职、副职和任职时间先后的顺序分别排列。同为副职的，按任职先后排列；同时任职的，按任免文件中的顺序排列；上级主管部门任命时已注明排列顺序或有规范惯例的，按文件规定和当时的惯例排序；领导班子中有正、副处级巡视员及其他相应职级干部的，依次编排在行政领导班子成员名录后；提前退出领导班子现职的成员，本书未收录。

一人兼任多职的，按不同职务序列名称分别编排。除上级部门领导兼任下级职务和“安全总监”职务标注“兼任”外，其他同一人分别担任不同岗位职务时一般不标注“兼任”。

本书领导名录编排顺序不代表班子成员实际排序。

（四）其他。组织机构名称一般使用全称，名称过长或常用简称的，第一次出现时使用全称并注明之后用简称。目录和标题中的机构名称一般用规范的简称或全称。

九、本书收录的领导成员资料包括其职务（含代理）、姓名（含曾用名）、性别、少数民族族别、任职起止年月等人事状况。凡涉及女性、少数民族、兼任、主持工作、挂职、未到职或领导成员实际职务级别与组织机构规格不一致等情况的，在任职时间括号内备注。涉及同一人的备注信息，仅在该节第一次出现时加注。同一卷中姓名相同的，需标注性别或籍贯、出生年月、毕业院校等以示区别。对组织上明确设有“常务”职务的，一般单列职务名录，编排在其他副职前。

十、本书收录的组织机构及领导成员，均在其后括号内注明其存在或任职起止年月。月不详者注季，季不详者注上半年、下半年或年，年、月均不详者括号内注不详。任职上下限时间在同一年内者，标注下限时间时省略年，例如（19××.×—×）；在同一个月内者，任职时间只标注年月，例如（19××.×）。同一组织、同一领导成员，其存在或任职年月有两个或两个以上时段时期时，前后两个时期之间用“；”隔开；组织机构更名的，排列时原名称在前、新名称在后，中间用“—”连接。收录的某一组织机构，在其存在时限内，其领导成员一直空缺或不详者，分别在职务后括号内标注“空缺”或“不详”。

十一、组织机构设立和撤销时间，原则上以上级机构管理部门正式下发的文件为准；没有文件的，以工商注册或资产变更等法定程序为准。

十二、领导成员任离职时间，均以干部主管部门任免时间或完成法定聘任（选举）程序时间为准。同一个人有几级任免文件的，按干部管理权限，以主管部门任免行文时间为准。属自然免职或无免职文件的，将下列情况作为离职时间：被调离原单位的时间，办理离、退休手续的时间，去世时间，机构撤销时间，选举时落选时间，新的领导人接替时间，副职升正职的时间，随机构名称变更而职务变化的时间，刑事处罚、行政处分和纪律处分时间。确无文件依据的，经组织确认后，加以标注。此外，各职务领导接任时间不连续的，一般视为干部任免考察需要，除特殊情况外不标注。

十三、本书入编机构为以人事部门机构文件为准的常设机构，未收录各种临时机构、虚设机构、领导小组、委员会等非常设机构。

十四、本书资料收录的截止时间，不是组织机构和领导成员任职的终止时间。各组织机构一般按机构起止时间划段，分别收录在相应编（章）内；对跨限时间较短的，则集中编排在上一编（章）或下一编（章）内。同一编内，机构性质发生变化的，按照变化的时间划段，分别编排在不同章下。

十五、本书对历史上的地域、组织、人物、事件等，均使用历史称谓。中国共产党各级组织名称一般省略“中共”二字，简称为“党委”“党总支”“党支部”。收录党组织领导名录时，根据编排需要，一般省略所属单位党组织名称中“华北石油会战指挥部”“华北石油管理局”“中国石油”“中国石油天然气股份有限公司华北油田分公司”等字样。中国共产党第 × 次全国代表大会，简称为“党的 × 大”；中华人民共和国第 × 届全国人民代表大会，简称为“× 届全国人大”；中国人民政治协商会议第 × 届全国委员会第 × 次会议，简称为“全国政协 × 届 × 次会议”。

十六、本书一律使用规范的简化字。数字使用依据《出版物上数字用法》（GB/T 15835—2011），采用公历纪年，年代、年、月、日和记数、计量、百分比均用阿拉伯数字。表示概数或用数字构成的专用名词用汉字数字。货币单位除特指外，均指人民币。

十七、本书采用行文括号注和页下注。行文括号注包括领导成员的人事状况，组织的又称、简称、代称，专用语全称与简称的互注等。页下注系需要说明的问题。同一内容的注释，只在该册第一次出现时注明。

十八、本书收录的文献多为全文照录，保留原标题。篇幅较长的文献，以突出组织人事工作主线进行适当节录。对已公开出版或已经收录到文件选编的，一般只列出标题，内文省略。

十九、本书收录的资料，仅反映组织机构沿革、领导成员更迭变动和干部队伍发展变化的历史，不作为机构和干部个人职级待遇的依据。由于情况复杂，个别人员姓名和任职时限难免出现错漏和误差，有待匡正。

二十、本书各卷在本凡例之后设有“本卷编纂说明”，进一步说明该卷需要交代的具体事项。

# 本卷编纂说明

一、本卷为《华北油田组织史资料（基层卷） 第一部 第十三卷》，收录2008年7月至2015年12月期间苏里格项目部的组织机构沿革和主要领导成员资料，按照华北油田分公司的统一部署，在人事处组织史资料编纂办公室的指导下，由苏里格勘探开发分公司编纂完成。

二、本卷章节设置：

本卷采取一编到底的编纂方法，按领导机构、下设机构及机关党支部、附录、组织人事大事纪要分为四章。

三、本卷组织机构及领导成员名录收录范围：

苏里格项目部领导机构：行政领导成员、党委领导成员、纪委领导成员、工会领导成员、副总师、副总监。

下设机构：行政领导成员、党组织领导成员、工会领导成员。

四、本卷特殊说明：

（一）由于苏里格项目部机关部门和基层单位的数量较少，为方便读者阅读，特将机关部门与基层单位合编为一章，统称下设机构。

（二）公共关系部自2012年5月设立到2015年8月撤销，一直与生产运行部合署办公，因此将公共关系部并入生产运行部节下编排。

五、本卷综述包括四部分：组织机构沿革、主要工作及成绩、领导班子和人才队伍建设、党的建设及思想政治工作。

六、本卷原始资料主要由苏里格项目部综合办公室提供。

# 目　　录

# 综　述

2000年，经过勘探，长庆油田发现了苏里格大气田，并于2003年初步探明地质储量5337亿立方米，是当时国内最大的整装气田。苏里格气田是一个低孔、低渗、低压、低丰度、低产量的岩性圈闭大气藏，开发难度极大，开发成本高。面对国家经济建设对天然气需求量日益增加的情况，2005年初，集团公司做出了“引入市场竞争机制，加快苏里格气田开发步伐”的指示，低成本开发苏里格气田。2008年5月，华北油田分公司在长庆油田风险合作区块第二期招标过程中，中标苏里格气田苏75区块，并与长庆油田签订了《苏里格气田苏75井区风险作业服务合同》。2008年7月，华北油田分公司成立苏里格项目部，负责苏里格气田苏75区块前期评价、产能建设、经营管理、生产运行等工作。2013年12月至2015年7月期间，苏里格项目部负责长庆油田业务外包工作，与长庆油田第五采油厂、第六采油厂等单位紧密对接，在劳务输出管理、工作制度履行、工作量结算、员工队伍管理等方面发挥了桥梁纽带作用。2015年7月，长庆油田业务外包工作划转河北华北油田友信勘探开发服务有限公司。

## 一、组织机构沿革

2008年5月，华北油田分公司中标苏里格气田苏75区块。6月，华北油田分公司从油藏评价部、开发部、生产运行处、财务处、工程监督部、研究院、采研院等单位抽调人员，组成苏里格气田开发前线工作组，由华北油田分公司副总经理董范担任负责人，带队进驻内蒙古自治区乌审旗，开展区块地质勘探及井位部署工作。

苏75区块位于苏里格气田西区北侧，区块南北长65千米，东西宽19.6千米，面积989平方千米，控制天然气地质储量1157.7亿立方米。产能建设目标是从2009年开始，经过3年建设，至2011年，苏75区块天然气产能达到8亿立方米。

苏75区块的合作开发采用长庆油田公司制定的苏里格气田合作开发机制和管理模式。合作机制为：矿权属于长庆油田公司，天然气和凝析油产量计入长庆油田产量。产能建设所需资金，由集团公司下达。资产计入各合作开发单位。风险作业服务费按照外输天然气商品量以含税资金结算。生产运营所需费用及税费由各合作开发单位担负，按照协议由长庆油田代扣代缴。各合作开发单位成立项目部，以长庆油田公司苏里格气田合作开发项目经理部的名义开发建设中标区块。管理模式为“六统一，三共享，一集中”模式，即在长庆油田苏里格气田分公司组织、协调下，实行统一规划部署、统一组织机构、统一技术政策、统一外部协调、统一生产调度、统一后勤支持和资源共享、技术共享、信息共享的管理模式，在此基础上强化集中管理。同时，大力推行“标准化设计、模块化建设、数字化管理、市场化服务”为主要内容的“四化低成本战略”。

2008年7月，为促进苏里格气田开发，华北油田分公司成立苏里格项目部，为副处级临时机构，按照长庆油田苏里格气田合作开发的管理模式和要求进行各项业务运作。同时，贯彻落实华北油田分公司（华北石油管理局）各项工作部署和要求，执行华北油田分公司（华北石油管理局）各项管理制度。主要负责苏75区块的开发建设和管理工作，以及华北油田分公司所属二级单位在长庆油田市场的开发、协调与管理工作。苏里格项目部领导定员5人，下设机关部门4个：综合办公室、生产运行部、财务部、经营管理部，定员32人；直属单位2个：工程地质所，定员20人；苏75采气作业区，定员5人。

2008年7月，成立苏里格项目部临时党委。

2010年3月，华北油田分公司党委决定，成立中共中国石油华北油田分公司苏里格项目部委员会，撤销中共中国石油华北油田分公司苏里格项目部临时委员会。

2010年6月，华北油田分公司将苏里格项目部调整为正处级单位。苏里格项目部全面负责苏里格气田苏75区块天然气勘探与开发项目；负责长庆油田的市场开发与协调工作；负责苏里格项目部年度生产经营计划的制定，并组织实施；负责项目的开发、生产、安全环保工作；负责项目开发数据采集、审核、汇总及上报；负责项目的经营管理和队伍管理。苏里格项目部领导定员 5 人，科级干部定员 16 人，机关部门定员 31 人，增设市场管理部。截至 2010 年 12 月，苏里格气田苏 75 区块累计生产天然气 13.42 亿立方米，实现天然气商品量 13.04 亿立方米，产能建设目标实现“三年任务两年完成”。

2013 年 12 月，为加强和规范对长庆油田业务外包工作的管理，理顺组织架构，明确管理界面，华北油田分公司决定，将长庆油田业务外包工作调整到苏里格项目部管理，苏里格项目部增设常务副经理 1 人；设立长庆油田业务外包工作管理部、驻长庆第五采油厂协调管理科、驻长庆第六采油厂协调管理科，均为正科级单位。长庆油田业务外包工作管理部成立后，与市场管理部合署办公。

2015 年 1 月，华北油田分公司苏里格项目部更名为华北石油管理局苏里格项目部，为正处级单位，内设 7 个部门：综合办公室、经营管理部、财务部、生产运行部（公共关系部）、质量安全环保部、市场管理部、长庆油田业务外包工作管理部。下属 2 个基层单位：苏 75 采气作业区、工程地质所。2 月，苏里格项目部在内蒙古自治区鄂尔多斯市乌审旗注册为非法人企业分支机构，办公地点设在内蒙古自治区鄂尔多斯市乌审旗。

7 月，根据工作需要，经华北油田分公司研究决定，将苏里格项目部负责的长庆油田业务外包工作业务划转河北华北油田友信勘探开发服务有限公司，同时将长庆油田业务外包工作管理部、驻长庆第五采油厂协调管理科、驻长庆第六采油厂协调管理科划转河北华北油田友信勘探开发服务有限公司，划转员工 11 人。

8 月，苏里格项目部决定，成立对外协调部（市场管理部），将生产运行部（公共关系部）的公共关系部业务划转对外协调部（市场管理部）。

截至 2015 年 12 月，苏里格项目部设职能部门 6 个：综合办公室、经营管理部、财务部、生产运行部、对外协调部（市场管理部）、质量安全环保部，所属基层单位 2 个：苏 75 采气作业区、工程地质所。

## 二、主要工作及成绩

2008 年 7 月，苏里格项目部成立后，面对天然气上产工作的紧迫要求，落实油田公司工作会议精神，依据科学管理理论，结合自身的经营环境，以争创“四好”领导班子为契机，以加快产能建设、拓展外部市场为目标，以华北油田特色的精细管理理念为指导，艰苦创业。

2008 年 7 月 1 日，苏里格气田苏 75 区块第一口井苏 75-89-32 井正式开钻，苏里格项目部进入天然气的实质性勘探评价阶段。2009 年至 2010 年期间，累计建天然气产能 10 亿立方米，实现了产能建设“三年任务两年完成”的工作目标，在苏里格气田开发建设上开创了“华北速度”。

2012 年 3 月，苏里格项目部召开工作会议，系统总结了自苏里格项目部成立以来所取得的成绩。自成立至 2011 年，共钻井 286 口，其中评价井 26 口、直井和丛式井 250 口、水平井 10 口，总进尺 993829.92 米，共压裂试气 264 口井，其中直井和丛式井 255 口、水平井 9 口，直井单井最高无阻流量 62.66 万立方米，水平井最高无阻流量 316.56 万立方米。建成苏 75-1 集气交接站、苏 75-2 集气站、苏 75-4 集气站，铺设输气管线 251 千米，完成了 243 口井的管线、井口安装，建天然气产能 10 亿立方米，同时完成了 1742.96 平方米全封闭倒班点的建设工程，修建砂石路 21.6 千米。通过加强气井动态分析和调参管理，压降速率保持在 0.007 兆帕 / 日左右，累计生产天然气 13.42 亿立方米，回收凝析油 1.9 万吨，总收入 10.66 亿元，净利润 3.1 亿元。外部市场 2009 年至 2011 年期间，累计收入 21.51 亿元，超额完成了油田公司下达的 10 亿元的任务。面对集团公司实施“东稳西进”战略，积极建设“西部大庆”的大背景，苏里格项目部提出了把握“稳中求进”的总基调，贯彻“找差距，转方式，抢机遇，上水平”的总要求，立足精细管理，深化技术研究，完善绩效考核，强化“三基”建设，以务实的作风、昂扬的斗志、勤奋的工作，切实做好苏里格气田苏 75 区块的开发管理和外部市场协调工作，全面推动项目部持续高效发展。

2013 年 1 月，苏里格项目部工作会议提出，立足长庆油田市场，树强“华北油田品牌”，搞好合作开发，拓展业务领域，不断增收创效。为此，苏里格项目部制定了以下工作目标：深入地质研究，着眼区域部署，为高效完成产建任务夯实基础；精细过程管理，注重节点控制，保障产建施工优质高效；严格生产管理，强化动态分析，保持天然气生产平稳运行；加强科技研究，创新增产措施，增强气井综合治理效果；加强组织协调，抢抓市场先机，确保长庆市场新业务不断拓展；强化过程管控，狠抓责任落实，切实保证安全清洁生产；完善管理制度，规范基础工作，不断提升管理水平；加强党群工作，深化主题教育，为完成全年工作任务提供坚强保障。

2014 年 1 月，苏里格项目部工作会议提出，以党的十八大精神为指导，认真贯彻落实华北油田分公司的工作部署，紧紧围绕生产经营、长庆油田市场协调和业务承包管理等中心工作，强化管理提升、注重质量效益，以严谨的态度、务实的作风、奉献的精神开展工作，推进项目部的持续发展。

2015 年 1 月，苏里格项目部工作会议指出，苏里格项目部要坚持走有质量、有效益、可持续发展之路，深化精细管理，统筹兼顾，保安全、重效益、转作风、创和谐，在产量上保持稳产、在开发上实现高效、在管理上开创新局面。

在各年度工作部署的指导下，苏里格项目部围绕天然气、外部市场创收核心业务，保持平稳发展，推动科技创新，推进生产工作，进行管理提升，主要开展了以下工作，并取得了一定的成绩。

### （一）细化勘探开发研究，夯实稳产基础

苏里格项目部自 2009 年生产天然气以来，本着“水平井优先，丛式井并重”的原则，结合三维地震资料解释，优选含气富集区，围绕每年产能建设任务开展工作。先后与中国石油勘探开发研究院（廊坊分院）、长庆油田苏里格气田研究中心等科研院所积极开展技术交流和综合地质研究，深化地质研究，提高区块开发成效。充分利用层序地层学分层方法，结合测井曲线特征，建立了中区地层划分与对比方案，通过精细小层划分对比和沉积微相研究，落实了有利储集相带。利用核磁共振技术开展可动水饱和度分析，结合常规测井数据，对全区已钻井可动水饱和度进行了重新解释，并应用解释结果优化试气层位，获得了较高产气量。充分利用主产区三维地震满覆盖资料优势，通过多属性宏观预测、波阻抗反演、GR 拟声波反演，结合沉积微相有利储集相带研究、可动水饱和度分布及邻井生产动态资料，加强富气规律研究，开发井位，用有限的产建投资实现了优质建产。至 2010 年底，顺利完成 3 座集气（交接）站的建设投产工作，拥有年产天然气 8 亿立方米的能力，圆满完成产能建设“三年任务两年完成”的自定工作目标。

在钻井管理过程中，优化钻头选型、钻具组合和轨迹设计，有效提高钻井速度；使用套管 + 选择性多级压裂及控制开采开关滑套完井工艺，解决了选择性多级压裂和后期有效控制开采难题；采用可拆卸式地面泥浆池收集与橇装泥浆处理设备机动处理相结合的方式，实现了泥浆不落地处理工艺全覆盖。通过邻井对比及随钻资料分析，不断深化储层变化规律认识，持续优化水平井着陆点及水平段轨迹，做到了边实施、边研究、边调整，单井平均钻遇气层厚度 11.7 米以上，储层钻遇率 70% 以上。

在地面产建施工管理中，发扬超前谋划、积极协调、靠前指挥、严把质量、安全高效的作风。坚持外协先行，积极与地方政府沟通征地手续，为各项产建工作的开展奠定基础。对压裂试气技术研究及方案进行优化，加强施工组织协调，采取变排量、高砂比压裂技术、水平井多段大规模压裂工艺、小油管水力喷砂射孔、转向压裂工艺等技术。加强施工监督，确保入井材料合格，施工符合设计，有力保证了苏里格气田苏 75 区块各种储层组合类型有效改造。

**（二）提升生产管理水平，确保天然气生产平稳**

在天然气生产管理工作上，苏里格项目部持续完善管理制度，加强动态分析，精细生产管理。

自 2009 年天然气正式投产以来，为确保安全环保的良好局面，严格落实安全责任。在天然气生产管理工作上，不断完善各项管理规定，不断补充配置安全监控设备设施，大力开展隐患排查治理，坚持抓好井控管理工作、车辆交通安全管理工作、安全教育管理工作，重点对集气站生产场所开展“目视化”提升，对现场标准化管理起到了促进作用。2013 年、2014 年，连续两年在长庆油田苏里格气田分公司开展的 HSE 业绩考核评比中获得第一名。2014 年梳理编制的《集气站节点管理与因素分手册》获得长庆油田苏里格气田分公司的充分肯定，并在苏里格气田进行推广应用。

苏里格项目部严格落实资料录取的检查考核工作。多年来，资料全准率保持在 98% 以上，为动态分析提供了可靠依据。通过制定日、旬、月动态分析制度，全面掌握气井、集气站生产动态，保证气井正常生产，气井利用率、开井时率达到 96%；根据压力变化及时调节配产，坚持“低配长稳”

原则，合理配产、及时调参，使区块压降速率始终小于 0.02 兆帕 / 日，有效控制了气井压降速率。

苏里格项目部通过强化设备管理，为生产运行工作打下良好基础。不断提升设备维护保养水平，确保设备完好。通过技术改造，在压缩机空冷器上方加装了引风罩，解决了压缩机夏季运转超温问题；跟踪分析压缩机运行状态，建立了缸体运行状况判定标准，确保压缩机正常运行。2015 年，探索建立设备保运队伍竞争机制，同时引入两家保运单位，通过工作评比，有效提升了生产设备管理水平。

## 三、领导班子和人才队伍建设

苏里格项目部自 2008 年成立以来，严格按照华北油田分公司用工政策要求，实行干部聘任制，坚持规范化管理；建立职称改革领导小组，加强专业技术人员队伍建设；严控各类用工，把用工总数控制在指标内；及时调整岗位工资和技能工资体系，激活内部分配体系。

苏里格项目部紧跟华北油田分公司改革发展的步伐，根据上级部门的人事制度改革的部署和要求，依据《人事制度改革实施意见》《关于选拔任用领导干部实行公示的实施办法》《关于干部考察预告制的暂行办法》《干部选拔任用工作监督检查实施细则》等配套制度，进一步完善干部考核、选拔、任用和约束机制，加大年轻领导干部的选拔力度，建立充满生机与活力的选人用人机制，培养了一批高素质经营管理、专业技术干部，为苏里格项目部的发展壮大提供了人才保证。

### （一）加强班子建设，提高能力素质

坚持干部队伍建设“革命化、年轻化、知识化、专业化”的原则，将责任心强、有才干、有开拓精神的干部选进领导班子，严把政治关、文化关、年龄关。对科级干部的选拔任用，一是原则上要求达到大专及以上文化程度，并具有中级及以上职称；二是原则上要求年龄在 45 岁以下，逐步优化科技领导干部年龄结构；三是要具有较强的业务管理知识，熟悉所辖业务。至 2015 年末，项目部科级干部 19 人，平均年龄 47 岁，均具有大专及以上

文化。

苏里格项目部在加强领导班子建设中，把思想政治工作摆在首位，努力建设政治坚定、作风过硬、团结奋进、清正廉洁的领导班子。根据华北油田分公司《关于开展“四好”领导班子创建活动的实施意见》，认真开展以“政治素质好、经营业绩好、团结协作好、作风形象好”为内容的“四好”领导班子创建活动。主要领导每年初与各副职领导、部门正职签订绩效合同，严格按照“德、能、勤、绩、廉”的要求，重点对科级干部进行考核，深化部务公开制度，加强员工群众对领导人员的民主评议和监督。

2012 年以来，项目部领导班子在以“反对形式主义、反对官僚主义、反对享乐主义、反对奢靡之风”为内容的“反四风”活动中，要求项目部和基层单位领导人员政治坚定、思想过硬、廉洁务实、勇于担当，同员工群众保持紧密联系。根据班子调整情况和职责范围，及时调整党政领导班子成员党风廉政建设责任制工作分工，明确各自职责，理顺工作关系，为项目部的平稳发展打牢基础。2013 年、2015 年，苏里格项目部领导班子两次被华北油田分公司授予“四好”领导班子荣誉称号。

### （二）加强人才队伍建设，注重培养激励

苏里格项目部坚持“人才是第一资源”的理念，大力开展素质工程，采取“走出去、请进来”的方式，依托竞技平台，加强技术交流，打造知识型员工队伍，员工素质整体提升。每年，坚持选派不同专业技术干部到东方物探华北分院、华北油田分公司采油工程研究院、渤海钻探钻井研究院等多家科研单位培训学习，组织召开钻采技术交流研讨会，提升技术队伍素质。为进一步提高技术干部专业技术水平，项目部将华北油田分公司科研项目分解为若干个“子课题”，使专业技术干部人人有项目、个个有压力；在“子课题”完成的过程中，严格按照进度安排，定期进行阶段性检查和评估，确保各项“子课题”取得预期效果。

2011 年以来，苏里格项目部连续五年举办员工职业技能竞赛，以赛促学、以赛促练、以赛促干。技能竞赛项目结合生产实际，分为采气技术、汽车驾驶两大类。每年，授予获奖参赛选手“技术能手”称号，并择优选送 5 人参加华北油田分公司技能竞赛，通过更高一级的平台，以点带面，促进

员工队伍整体素质的提升。结合“青字号”工程，苏里格项目部号召各单位采取多种形式，开展向优胜单位和个人学习的活动，扎实搞好岗位练兵，掀起学技术、比技能的热潮，为项目部稳健发展提供更多生产技能人才。苏里格项目部坚持每年举行生产技术分析比赛和科研项目答辩验收会，提升技术人员业务能力。从2012年开始，通过报名、评比、选拔等程序，聘任一、二级技术带头人5名，并编制签订年度绩效考核合同，每年进行年度考核与业绩兑现，促进人才队伍建设。

2015年，苏里格项目部作为华北油田分公司专业技术岗位“双序列”试点单位，积极探索，制定出台《苏里格项目部专业技术岗位序列试点建设实施方案》，综合考虑工程、地质、地面建设各专业的重要程度、覆盖面及项目部工作实际需要，设置二级工程师岗位4个、三级工程师岗位8个、助理工程师岗位6个。

2015年12月，一、二级技术带头人聘任期已满，不再进行聘任，全部转至专业技术岗位序列，进一步为技术干部的职业发展拓宽了渠道。

**（三）注重工资奖励机制，强化薪酬制约作用**

为充分调动广大员工的工作积极性，确保苏里格项目部生产经营目标的实现，根据生产经营目标要求，按照业务性质和承担的主要任务，设计相应的考核指标体系。

2011年，启动全员绩效考核机制，制定考核指标，层层签订绩效合同，严肃考核机制，把绩效考核与员工工资挂钩。在效益工资兑现方面，苏里格项目部始终坚持向一线艰苦岗位和责任重、工作难度大的单位与部门倾斜，严格按照绩效考核结果，奖优罚劣，激发了员工的积极性。

苏里格项目部在强化薪酬制约机制方面，不仅把工作难度作为指标，还加强对油气商品量、成本控制、产能续建、外部市场开发及创收等指标的考核，引导和督促各单位不断进取，实现持续稳健发展。在充分考虑客观因素的基础上，侧重主观努力程度，实行差异考核；根据员工与管理者承担责任和工作性质的不同，确定不同的考核兑现方式。激励油气超产，激励降本增效，激励超值劳动，合理拉开不同业务单元分配差距，充分发挥绩效工资的激励与约束作用。

2015年，苏里格项目部继续修改完善绩效考核分配制度。组织所属单位层层签订《业绩合同》，在效益层面、服务层面、内部运营层面、发展层面、风险控制层面设立具体指标，分配相应权重，并且根据岗位要求，制定了基准目标值和卓越目标值。年终严格按照主要生产经营指标完成情况和业绩考核结果核定绩效工资。通过对考核指标层层分解、责任层层落实、激励层层传递，建立起覆盖项目部各单位、各层级的绩效考核评价体系，激发了员工的积极性，超额完成了各项业绩指标。

**（四）完善培训体系，全面提高员工队伍素质**

自2008年苏里格项目部正式组建以来，项目部领导班子高度重视员工培训工作。2009年，在苏75区块正式投产前，项目部组织生产一线的干部员工到苏25区块进行两个月的实地培训，系统学习天然气生产运行流程、主要生产设备的运维知识以及冬季生产管理的注意事项。干部员工队伍的生产技能有了显著提高，为天然气的顺利投产打下坚实基础。

2010年，苏里格项目部天然气生产工作完成了从上产向稳产阶段的转变。各项培训工作更加规范，逐步建立了项目部、基层单位两级员工教育培训体系，形成了多渠道、多层次、多形式的教育培训网络。按照“实际、实用、实效”和“缺什么补什么、需什么学什么”的原则，有计划地举办基础理论知识、安全教育知识、专业技术、现代企业管理知识、法律知识等培训活动。苏里格项目部将培训工作与人才培养结合起来，在认真组织内部培训的同时，积极聘请外单位技能专家到基层授课，每年选派不同专业的青年技术干部到“勘探开发研究院、地球物理勘探研究院、采油工程研究院”进行技术学习交流，提升业务水平。

自2011年开始，每年制订员工培训计划，选派单位内部技术干部进行相关科目的培训。以一年一度的员工职业技能竞赛活动来检验培训成果，促进员工队伍整体素质提升。在竞赛项目上，逐年加大实际操作的比重，重在提高员工发现与解决实际问题的能力，创造有利于高素质技能人才脱颖而出的条件。

2014年，在苏75采气作业区投资40万元建成操作员工实训基地，极大提升了员工实操培训能力。2015年，对实训基地的基础装备及设施进行丰富和补充，建成了集岗前培训、岗位练兵功能于一体的综合培训基地。

## 四、党的建设及思想政治工作

苏里格项目部党委以“强核心、固堡垒、当先锋”作为党建工作主线，充分发挥了党建工作“围绕中心、服务群众、维护大局、促进发展”的作用。

不断强化党建工作，建立和实施党员政治理论学习日制度。在苏里格项目部各项工作稳步推进的局面下，提炼了“艰苦创业、快速高效、精建细管、尽责奉献”的项目部精神，鼓舞了员工士气，激发了工作动力。苏里格项目部党委根据形势，组织开展以“四新”形势任务教育为主要内容的宣教活动。围绕中心任务，立足主营业务，深化“创先争优”活动，开展党员先锋工程、党员示范岗系列创建活动，在实施过程中，注重发挥党支部的战斗堡垒作用和党员的先锋模范作用。

坚持深化党风廉政建设。苏里格项目部领导班子与所属基层单位党政班子、机关部门分别签订《党风廉政建设责任书》，开展“严以律己，廉洁从业”主题教育活动和“三超”问题专项治理，认真落实党的群众路线教育实践活动整改方案，进一步增强了党员干部的廉政意识。重点做好关键岗位领导人员的监督管理，坚持领导干部“一岗双责”，组织科级及以上领导干部和关键岗位人员参观反腐倡廉教育基地接受警示教育，组织党员干部学习党风廉政建设有关规定和《中国共产党廉洁自律准则》《中国共产党纪律处分条例》，增强党员干部廉洁自律和遵纪守法的意识。为了使“两个责任”靠实落地，苏里格项目部领导班子严格执行民主集中制，认真落实班子议事规则和“三重一大”决策程序，提高决策质量和水平。领导班子成员高度重视公司党内巡视问题的整改，党政领导干部带头执行公务用车、公务接待和公款消费有关规定，带头反对“四风”、改进作风。

深入开展党的群众路线教育实践活动，对照“四风”表现，认真查找班子工作中存在的不足，针对梳理出的30条意见和建议，制定了整改措施，下发了整改通报，明确了责任领导、责任部门和整改时间。严格落实中央八项规定和集团公司二十条要求，减少会议和不必要的接待活动。

结合“三严三实”主题教育活动、“重塑中国石油良好形象”大讨论活动的开展，明确要求生产经营各项工作必须做到遵法纪、守程序、讲规矩，反复强调不能有任何疏忽懈怠和侥幸心理。严格贯彻、落实、执行上级各项政策法规、制度规定，加大自查、督查整改力度，对发现的问题一查到底，坚决整改，项目部依法合规管理水平不断提升。

认真贯彻中央和上级精神，充分发挥党的领导作用，进一步加强领导班子和党员干部队伍建设，强化理论武装和党性修养，严明政治纪律和政治规矩，践行“三严三实”总体要求，为项目部可持续发展提供坚强政治和组织保证。

培育践行社会主义核心价值观，进一步深化“重塑中国石油良好形象”大讨论活动，加强舆论宣传，为完成各项任务加油鼓劲。充分发挥工会、共青团组织优势，进一步深化部务公开和民主管理，开展群众性创新创效活动，引领广大员工立足岗位，为项目部持续稳健发展做出更大贡献。

# 第一章　领导机构

2008 年 7 月，华北油田分公司根据生产经营需要，为促进苏里格的气田开发工作，成立苏里格项目部，为华北油田分公司副处级临时机构，按二级单位管理。苏里格项目部领导职数 5 人，经理按正处级干部管理。

7 月，华北油田分公司党委决定，成立苏里格目部临时党委，王万迅任临时党委书记，免去其第四采油厂党委委员职务。华北油田分公司决定，王万迅任苏里格项目部经理（正处级），免去其第四采油厂副厂长、安全总监职务。

8 月，华北油田分公司党委决定，成立中共中国石油华北油田分公司苏里格项目部临时委员会，由王万迅、李沈阳、叶连池、刘立军、李民、于琛琢、孙琦、龚大华等 8 人组成，王万迅任书记。华北油田分公司任命李沈阳、叶连池、刘立军、李民为苏里格项目部副经理（均为正科级），李沈阳兼任安全总监。

2009 年 5 月，华北油田分公司工会批复，成立苏里格工会委员会，委员由 7 人组成。王万迅任工会主席。

2010 年 3 月，华北油田分公司党委决定，成立中共中国石油华北油田分公司苏里格项目部委员会，由王万迅、叶连池、刘立军、李民、李沈阳等 5 人组成，王万迅任书记。成立中共中国石油华北油田分公司苏里格项目部纪律检查委员会，由 5 人组成，刘立军任纪委书记。撤销原中共中国石油华北油田分公司苏里格项目部临时委员会。

6 月，华北油田分公司明确，苏里格项目部为正处级二级单位。项目部领导 5 人（经理、党委书记 1 人，副经理 3 人，副经理、总会计师 1 人）；科级职数 16 人。

9 月，华北油田分公司决定，李沈阳任苏里格项目部副经理、安全总监；叶连池、刘立军、李民任苏里格项目部副经理（均为副处级）。

同月，苏里格项目部明确党政领导的职责分工：经理、党委书记王万迅全面负责项目部行政工作、党委工作，分管综合办公室、财务部；副经理、安全总监、党委委员李沈阳协助经理负责日常生产、安全环保、公共关系协调与土地管理、社会治安综合治理、规划计划、物资管理、气田新老区产能建设和调整改造工作，分管生产运行部、经营管理部（计划、物资工作）、苏75采气作业区；副经理、党委委员叶连池协助经理负责气田勘探开发、钻井及井控、科技管理、档案管理、企业法规、经营管理工作，分管工程地质所（地质工作）、经营管理部（企管、经营工作）；副经理、党委委员、纪委书记、工会主席刘立军协助经理负责工程技术管理、井下作业及井控、节能降耗、气田新老区产能建设和调整改造方案编制，全面负责纪委、工会工作，分管工程地质所（工程工作）、综合办公室（纪委监察、工会工作）；副经理、党委委员李民协助经理负责外部市场的开发、协调、管理和项目部后勤管理工作，协助党委书记负责思想政治、宣传、维稳和共青团工作，分管市场管理部、综合办公室（后勤、思想政治、宣传、共青团工作）。

2012年4月，华北油田分公司党委决定，刘立军任苏里格项目部工会主席。

11月，中共华北油田分公司苏里格项目部换届选举党员大会召开，选举产生新一届委员会和纪律委员会。苏里格项目部党委由（以姓氏笔画为序）王万迅、叶连池、刘立军、李民、李沈阳等5人组成，王万迅任党委书记；苏里格项目部纪委5人组成，刘立军任纪委书记。下属党支部3个，共有党员66人。

12月，华北油田分公司党委决定，潘忠琪任苏里格项目部党委书记、党委委员、纪委书记、工会主席；免去王万迅的苏里格项目部党委书记职务，改任党委副书记；免去刘立军的纪委书记、工会主席职务；免去李民的党委委员职务。华北油田分公司决定，潘忠琪任苏里格项目部副经理，免去李民的苏里格项目部副经理职务。

2013年3月，苏里格项目部明确党政领导职责分工：经理、党委副书记王万迅全面负责项目部行政工作，分管综合办公室、财务部；党委书记、纪委书记、工会主席、副经理潘忠琪全面负责项目部党群工作，分管综合办公室（党工团、纪检、思想政治、宣传工作）；副经理、党委委员、安全总监李沈阳协助经理负责日常生产、安全环保、公共关系协调与土地管理、外部市场的开发、协调、管理、社会治安综合治理、规划计划、物资管理、气田新老区产能建设和调整改造工作，分管生产运行部、质量安全环保部、市场管理部、经营管理部（计划、物资工作）、苏75采气作业区；副经理、党委委员叶连池协助经理负责气田勘探开发、钻井及井控、科技管理、档案管理、企管法规、经营管理工作，分管工程地质所（地质工作）、经营管理部（企管法规、经营工作）；副经理、党委委员刘立军协助经理负责工程技术管理、井下作业及井控、节能降耗、气田新老区产能建设和调整改造方案编制工作，分管工程地质所（工程工作）。

2013年8月，华北油田分公司工会批复，同意苏里格项目部工会2013年7月28日召开的第一次会员代表大会选举结果。苏里格项目部工会第一届委员会由5人组成，潘忠琪任工会主席。苏里格项目部工会第一届经费审查委员会由5人组成，于志平任主任。

2014年1月，华北油田分公司党委决定，增补李秀云、李先平为苏里格项目部党委委员，免去刘立军的苏里格项目部党委委员职务。华北油田分公司决定，李秀云任苏里格项目部常务副经理（正处级），李先平任苏里格项目部副经理，免去刘立军的苏里格项目部副经理职务。

11月，华北油田分公司党委决定，沈华任苏里格项目部党委委员、副书记；免去王万迅的苏里格项目部党委副书记、党委委员职务。同月，华北油田分公司决定，沈华任苏里格项目部经理；免去王万迅的苏里格项目部经理职务，调华北油田分公司第二采油厂任职。

2015年1月，依据中国石油天然气集团公司下发的《关于中国石油天然气集团公司风险作业服务商务运行模式有关问题的通知》的要求，华北油田分公司撤销苏里格项目部，成立华北石油管理局苏里格项目部，为华北石油管理局所属正处级二级单位。

6月，华北油田分公司党委决定，李秀云不再担任苏里格项目部党委委员。同月，华北油田分公司决定，免去李秀云的苏里格项目部常务副经理职务，调入河北华北油田友信勘探开发服务有限公司任职。

9月，华北油田分公司党委决定，免去李沈阳的苏里格项目部党委委员职务。同月，华北油田分公司决定，免去李沈阳的苏里格项目部副经理、安全总监职务，调入河北华北油田友信勘探开发服务有限公司任职。

12月，华北油田分公司党委决定，增补苏向义为苏里格项目部党委委员。同月，华北油田分公司决定，苏向义任苏里格项目部副经理、安全总监。

12月，苏里格项目部对领导班子分工进行调整：经理、党委副书记沈华全面负责项目部行政工作，分管综合办公室（行政工作）、财务部；党委书记、纪委书记、工会主席、副经理潘忠琪全面负责项目部党群工作、社会治安综合治理工作，分管综合办公室（党工团、纪检、思想政治、宣传工作）；副经理、党委委员李先平协助经理负责气田地质研究、钻井、井控、科技管理、档案管理、员工培训、长庆油田服务市场的开发及协调管理工作，负责技术、商业秘密资料的保密管理工作，分管工程地质所（气藏地质室、钻井工程室）、市场管理部；副经理、党委委员叶连池协助经理负责气田动态、压裂、井下作业、企管法规、经营管理、规划计划、物资管理工作，分管工程地质所（气藏开发室、井筒工程室）、经营管理部；副经理、安全总监、党委委员苏向义协助经理负责日常生产、安全环保、设备管理、公共关系协调与土地管理、气田新老区产能建设和调整方案及改造施工工作，分管生产运行部、对外协调部、质量安全环保部、苏75采气作业区。另外，安全副总监果振山协助安全总监负责质量、安全、环保工作，兼任质量安全环保部主任；副总工程师王立治协助副经理负责钻井工程、井下作业、压裂试气工作。

## 一、苏里格项目部（副处级，2008.7—2010.6）

### （一）苏里格项目部行政领导名录（2008.7—2010.6）

**经　　理**　王万迅（正处级，2008.7—2010.6）

**副 经 理**　李沈阳（正科级，2008.8—2010.6）

叶连池（正科级，2008.8—2010.6）

刘立军（正科级，2008.8—2010.6）

李　民（正科级，2008.8—2010.6）

**安全总监**　李沈阳（兼任，2008.8—2010.6）

### （二）苏里格项目部临时党委领导名录（2008.7—2010.3）

**书　　记**　王万迅（2008.7—2010.3）

**委　　员**　王万迅（2008.8—2010.3）

于琛琢（管理局油建一公司长庆项目部经理，2008.8—2009.6）
叶连池（2008.8—2010.3）
刘立军（2008.8—2010.3）
孙　琦（管理局井下作业公司长庆项目部经理，2008.8—2009.9）
李　民（2008.8—2010.3）
李沈阳（2008.8—2010.3）
龚大华（管理局运输公司长庆项目部经理，2008.8—2010.1）

**（三）苏里格项目部党委领导名录（2010.3—6）**

**书　　记**　王万迅（2010.3—6）
**委　　员**　王万迅（2010.3—6）
叶连池（2010.3—6）
刘立军（2010.3—6）
李　民（2010.3—6）
李沈阳（2010.3—6）

**（四）苏里格项目部纪委领导名录（2010.3—6）**

**书　　记**　刘立军（2010.3—6）
**委　　员**　刘立军（2010.3—6）
于志平（苏 75 采气作业区副主任，2010.3—6）
王　峰（综合办公室副主任，2010.3—6）
刘文柳（苏 75 采气作业区副主任，2010.3—6）
高永祥（综合办公室员工，2010.3—6）

**（五）苏里格项目部工会领导名录（2009.5—2010.6）**

**主　　席**　王万迅（2009.5—2010.6）
**委　　员**　王万迅（2009.5—2010.6）
于志平（2009.5—2010.6）
李　民（2009.5—2010.6）

李　军（2009.5—7）[①]
果振山（2009.5—2010.6）
霍俊业（2009.5—2010.6）
徐晓峰（2009.5—2010.6）

## 二、苏里格项目部（正处级，2010.6—2015.12）

### （一）苏里格项目部领导名录（2010.6—2015.12）

**经　　理**　王万迅（2010.6—2014.11）
沈　华（2014.11—2015.12）
**常务副经理**　李秀云（女，正处级，2014.1—2015.6）
**副 经 理**　李沈阳（2010.9—2015.9）
叶连池（2010.9—2015.12）
刘立军（2010.9—2014.1）
李　民（2010.9—2012.12）[②]
潘忠琪（2012.12—2015.12）
李先平（2014.1—2015.12）
苏向义（2015.12）
**安全总监**　李沈阳（兼任，2010.9—2015.9）
苏向义（2015.12）

### （二）苏里格项目部党委领导名录（2010.6—2015.12）

**书　　记**　王万迅（2010.6—2012.12）
潘忠琪（2012.12—2015.12）
**副 书 记**　王万迅（2012.12—2014.11）
沈　华（2014.11—2015.12）
**委　　员**　王万迅（2010.6—2014.11）
叶连池（2010.6—2015.12）
刘立军（2010.6—2014.1）[③]
李　民（2010.6—2012.12）

① 2009 年 7 月，李军调人华油天成天然气销售有限公司。
② 2012 年 12 月，李民调任华北石油管理局华盛综合服务处副处长。
③ 2014 年 1 月，刘立军调任华北油田分公司煤层气事业部副经理。

李沈阳（2010.6—2015.9）
潘忠琪（2012.12—2015.12）
李秀云（2014.1—2015.6）
李先平（2014.1—2015.12）
沈　华（2014.11—2015.12）
苏向义（2015.12）

**（三）苏里格项目部纪委领导名录**（2010.6—2015.12）

**书　　记**　刘立军（2010.6—2012.12）
潘忠琪（2012.12—2015.12）

**委　　员**　刘立军（2010.6—2012.12）
于志平（综合办公室主任，2010.6—2015.3）[①]
王　峰（综合办公室副主任，2010.6—2012.11）
高永祥（对外协调部员工，2010.6—2015.12）
王立治（2012.11—2015.12）
祁建成（驻长庆第六采油厂协调管理科科长，2012.11—2015.6）
潘忠琪（2012.12—2015.12）

**（四）苏里格项目部工会领导名录**（2010.6—2015.12）

**主　　席**　王万迅（2010.6—2012.4）
刘立军（2012.4—12）
潘忠琪（2012.12—2015.12）

**副 主 席**　于志平（2013.8—2015.3）

**委　　员**　王万迅（2010.6—2014.11）
于志平（2010.6—2015.3）
李　民（2010.6—2012.12）
果振山（2010.6—2013.8）
霍俊业（2010.6—2013.8）
徐晓峰（2010.6—2013.8）

① 2015 年 3 月，于志平挂职任华北石油管理局国际合作项目部综合办公室主任。

刘立军（2012.4—12）

潘忠琪（2012.12—2015.12）

王立治（2013.8—2015.12）

祁建成（2013.8—2015.7）

苏向义（2013.8—2015.12）

**（五）苏里格项目部副总师、安全副总监名录（2010.6—2015.12）**

**副总工程师**　王立治（2014.3—2015.12）

**安全副总监**　果振山（2012.5—2015.12）

# 第二章　下设机构及机关党支部

2008 年 7 月，苏里格项目部成立，设机关部门 4 个：综合办公室、生产运行部、财务部、经营管理部，定员 32 人。12 月，机关党支部成立，共有党员 25 人。

2009 年 8 月，为规范对华北油田分公司在长庆油田的井下作业、测试压裂、工程建设、材料供应、通信工程技术服务以及地面建设市场上的业务管理和指导，进一步做好市场开发、对外关系协调等工作，经华北油田分公司批复，苏里格项目部成立市场管理部，为正科级机构，定员 5 人。

2010 年 6 月，华北油田分公司明确，苏里格项目部为正处级二级单位，设机关部门 5 个：综合办公室、生产运行部、财务部、经营管理部、市场管理部，定员 31 人，其中科级职数 7 人。

2011 年 5 月，华北油田分公司批复，苏里格项目部增设质量安全环保部，定员 3 人，其中科长职数 1 人。

2012 年 6 月，华北油田分公司人事处批复，苏里格项目部下设 6 个部门：综合办公室、经营管理部、财务部、生产运行部（公共关系部）、质量安全环保部、市场管理部；设 2 个基层单位：苏 75 采气作业区、工程地质所。

2013 年 12 月，华北油田分公司决定，将长庆油田业务外包工作调整到苏里格项目部管理。苏里格项目部增设常务副经理 1 人；设立长庆油田业务外包工作管理部，为正科级机构，定员 4 人，其中科长 1 人、副科长 1 人；设立驻长庆第五采油厂协调管理科，为正科级机构，定员 3 人，其中科长 1 人；设立驻长庆第六采油厂协调管理科，为正科级机构，定员 3 人，其中科长 1 人。

2015 年 1 月，华北石油管理局决定，成立苏里格项目部，为管理局正处级二级单位。处级职数 6 人，科级职数 22 人。机关职能部门定员 40 人，其中科级职数 11 人。设 7 个部门：综合办公室、经营管理部、财务部、生产运行部（公共关系部）、质量安全环保部、市场管理部、长庆油田业务外包工作管理部。

2015 年 7 月，华北油田分公司人事处决定，将苏里格项目部负责的长庆油田业务外包工作划入河北华北油田友信勘探开发服务有限公司管理。长庆油田业务外包工作管理部、驻长庆第五采油厂协调管理科、驻长庆第六采油厂协调管理科按照“人随机构、业务走”的原则，一并划转河北华北油田友信勘探开发服务有限公司。

截至 2015 年 12 月 31 日，苏里格项目部设机关部门 6 个：综合办公室、经营管理部、财务部、生产运行部、对外协调部（市场管理部）、质量安全环保部。

## 第一节　综合办公室（2008.7—2015.12）

2008 年 7 月，苏里格项目部成立，机关设综合办公室，列机关职能部室，机构规格正科级，定员 12 人，其中主任 1 人、副主任 1 人、一般管理人员 3 人（含组织纪检 1 人、秘书 1 人、人事劳资 1 人）、操作人员 7 人（司机 7 人）。综合办公室主要负责党政综合性文件、材料、报告、讲话的起草；负责信息反馈、调查研究和督查督办；负责上级来文管理、公文制发、印信管理及机要保密工作；负责档案资料管理、利用，以及厂志、年鉴、大事记的编撰；负责党政领导日常办公和公务活动安排；负责组织协调党务、政务及大型会议、活动；负责对外联络、接待管理；负责党委日常工作；负责思想政治工作和精神文明建设；负责宣传工作和企业文化建设；负责纪检监察、工会、女工、计生、共青团及信访稳定工作；负责机关片区办公室、员工公寓和后勤保障工作；负责党组织建设、党员管理和党费管理；负责人才队伍建设、干部管理及专业技术职务评聘、考核管理；负责劳动组织、定员定额及组织机构编制管理；负责员工薪酬、保险、福利管理；负责员工的调动、岗位变动、劳动合同管理及参与劳动争议调解；负责人力资源管理系统运行、维护管理和人事档案的管理；负责员工培训和技能鉴定。

2010 年 11 月，为进一步规范所属车辆管理工作，综合办公室成立小车队，为综合办公室附属单位。小车队主要负责车辆（含外雇车辆）和驾驶员的管理工作；负责燃油费、路桥费、维修保养费用的管理。

截至 2015 年 12 月，综合办公室共有 16 人，其中主任 1 人、副主任 1 人、组织纪检 1 人、人事劳资 1 人、秘书 1 人、工会宣传 1 人、培训计生 1 人、行政事务 1 人、小车队 8 人（队长 1 人、汽车驾驶员 7 人），共有党员 8 人。

综合办公室自成立以来，在行政事务工作方面，不断完善制度，全部岗位实行首问首办负责制，严格按照要求完成各类公文的发布与上报工作；严格把控“三超”治理；严格执行计划生育政策。在党建工作方面，落实党的群众路线教育活动，践行“三严三实”主题教育，坚持反对“四风”，干部队伍整体素质明显提升，组织建设更加完善。在劳资管理方面，严格执行薪酬体系文件，按照定岗定员控制用工总量。在企业文化建设方面，立足岗位，聚焦中心工作，结合形势任务教育工作，广泛宣传，形成了苏里格的企业文化。

**一、综合办公室**（2008.7—2015.12）

**主　　任**　于志平（2010.11—2015.3）

王　峰（2015.3—12）

**副 主 任**　李　军（2008.9—2009.7）

王　峰（2009.12—2014.3）

王桂同（2014.5—2015.12）

**二、附属小车队（班站级，**2010.11—2015.12**）**

**队　　长**　刘　兵（2010.11—2012.5）

王　峰（兼任，副科级，2012.5—2014.3）

王桂同（兼任，副科级，2014.5—2015.8）

李海平（2015.8—12）

## 第二节　生产运行部（2008.7—2015.12）

2008 年 7 月，苏里格项目部成立，机关设立生产运行部，列机关职能部室，机构规格正科级，定员 10 人，其中主任 1 人、副主任 1 人。主要负责生产活动的组织、指挥、协调、监督和服务工作，及时掌握各项生产活动信息，协助做好各项建设、检修、投产工作；负责气田产出水及轻烃拉运管理工作，建立健全气田产出水及轻烃拉运车辆使用、费用结算等管理制度，控制好运输成本；负责应急管理工作，组织编制完善应急预案，参与应急演练和评估，开展应急培训；负责设备管理、落实设备管理规章制度、开展设备专项检查、监管设备维保、设备调剂工作；负责特种设备管理工作，组织压力容器登记注册、定期检验、年度检修。

2012 年 5 月，为了更加高效地与地方政府部门协调产能建设相关手续，苏里格项目部成立公共关系部，与生产运行部合署办公。定员 3 人，其中主任 1 人、一般管理人员 2 人。公共关系部副主任由生产运行部副主任杨卫东兼任。公共关系部负责与所在旗政府及有关部门联络沟通，生产建设临时用地办理，工牧纠纷协调处理，生产道路运行维护、水土保持工作管理等。

生产运行部在工作中按照苏里格项目部的产能建设工作部署，提前谋划，落实“精细管理”，有序推进各项工作，为顺利完成苏里格项目部“三年任务两年完成”的工作目标做出积极贡献。组织生产协调会，积极上传下达生产信息；每年组织生产应急演练，提升队伍应对突发事件的能力；修订管理规程，提升电力、设备管理水平，设备完好率保持在 98% 以上；围绕牧区农牧民关注的热点问题开展工作，主动深入牧区倾听农牧民要求，及时化解工牧矛盾，确保生产建设外部环境平稳。2014 年，生产运行部被集团公司授予建设“西部大庆”劳动竞赛先进集体光荣称号。

2015 年 8 月，公共关系部撤销，公共关系相关业务与人员 3 人划转对外协调部（市场管理部）。

截至 2015 年 12 月，生产运行部共有 7 人：主任 1 人、副主任 1 人、生产运行管理 3 人、地面产建管理 1 人、设备管理 1 人，共有党员 5 人。

**主　　任**　袁福申（2011.10—2015.12）

**副 主 任**　袁福申（2009.1—2011.10）

杨其凯（2009.1—2010.1）

杨卫东（2011.6—2015.8）

吴天春（2015.3—12）

## 第三节　财务部（2008.7—2015.12）

2008 年 7 月，苏里格项目部成立，机关设立财务部，列机关职能科室，机构规格正科级，定员 5 人，其中主任 1 人、副主任 1 人、财务管理岗 3 人。财务部主要负责制定有关财务管理制度、办法，并组织实施和考核；负责年度财务预算的编制、上报、成本指标分解，并组织实施和考核；负责编制年度、季度、月度资金预算；负责应交税费的管理和清缴工作；负责工会经费、住房公积金的缴存、计提及会计核算工作；负责日常会计核算和会计管理工作，按期编制财务会计报告；负责固定资产清查、核实工作及报废资产的报批工作；负责年度财务决算，编制财务决算报告；负责财务会计档案、资料、文件的整理及归档工作。

财务部谨遵财务制度要求，针对年度财务预算工作，组织各部门、各单位，按照各自职责及对不同费用的可控程度，细化成本预算责任，将成本预算指标进行层层分解细化，横向分解到各职能部门，纵向分解到各级岗位，确保操作成本控制在规定范围内。严格遵守财务管理制度和税收法规，认真执行企业会计制度，实现了会计信息收集、处理和传递的及时性、准确性。作为合规管理的关键部门之一，财务部着重做好基础管理，先后进行了税收检查、发票使用检查、资金安全检查、资产清查和报废工作等自查自改工作。2014 年，由于财务管理工作出色，苏里格项目部被华北油田分公司评为“财务工作先进单位”。

截至 2015 年 12 月，财务部共有 5 人：主任 1 人、副主任 1 人、财务管理 2 人、出纳 1 人，共有党员 3 人。

主　　任　霍俊业（2011.10—2015.3）
　　　　　孙占贵（2015.3—12）
副 主 任　霍俊业（2009.1—2011.10）
　　　　　肖斌红（2014.5—2015.12）

## 第四节　经营管理部（2008.7—2015.12）

2008 年 7 月，苏里格项目部成立，机关设立经营管理部，列机关职能部室，机构规格正科级，定员 5 人，其中主任 1 人、经营管理岗 4 人。经营管理部主要负责组织贯彻执行国家、地方政府有关法律法规、方针政策以及油田公司有关企业管理、计划统计、概预算等方面政策和规定；负责企业管理工作，制定有关经营管理制度、实施细则，并组织实施和考核；负责计划管理工作，组织编制发展规划和专项规划，报送年度、季度投资建议计划，并实施过程监督与协调管理；负责统计工作制度的制定、发布、执行及落实，收集整理统计数据，提供统计资料，编制报表；负责工商注册登记，及时更新注册登记信息，按时报送企业年度工商报表；负责基建工程预算的编制，报相关部门审查、核定、批复；负责办理天然气、轻烃销售量审核和签认工作；负责市场准入和合同管理工作，组织和委托招标、谈判；负责招标文件及经济合同的审查工作；负责组织完善体系文件，及时换版更新，开展体系审核工作；负责设备、物资采购管理工作。

作为企业管理与经营法规的主责部门，经营管理部注重风险管理，组织编写了苏里格项目部风险评估报告，认真分析风险发生原因、影响，开展重大风险识别排查，落实风险管理责任，认真组织整改、控制、销项，有效提升了苏里格项目部风险防控能力。在企业管理上，不断完善管理体系，牵头组织审核发布了 5 个关键操作卡和 42 个一般操作卡。2014 年，启动了 D 版体系文件梳理换版工作。在物资采购上，以规范采购程序、提高采购质量、降低采购价格、缩短采购周期为工作导向，修订完善相关文件，增强上报计划的严肃性、有效性、准确性、及时性，同时，与相关部门进行信息沟通，及时推进招标业务工作，为苏里格项目部管理水平的提升做出突出贡献。

截至 2015 年 12 月，经营管理部共有 5 人：主任 1 人、副主任 1 人、计划统计 1 人、造价预算 1 人、物资管理 1 人，共有党员 4 人。

**主　　任**　果振山（2008.9—2012.5）
苏向义（2012.12—2013.9）
杨其凯（2013.9—2015.12）

**副 主 任**　苏向义（2012.5—12）
穆　科（2014.5—2015.12）

## 第五节　市场管理部—对外协调部（市场管理部）（2009.8—2015.12）

2009 年 8 月，为了更好地完成华北油田分公司在长庆油田井下作业、测试压裂、工程建设及其他工程技术服务市场上的业务管理指导、市场开发、对外关系协调工作，苏里格项目部成立市场管理部，为正科级机构，定员 5 人，其中主任 1 人、副主任 1 人。市场管理部主要负责收集、整理市场信息，及时掌握市场动态，组织、协调长庆市场整体业务、专项业务框架协议洽谈和签署。

市场管理部按照苏里格项目部“巩固现有市场，参与超低渗区块建设，探索作业施工承包”的市场开发策略，及时结合长庆油田市场变化规律和内部队伍结构变化的实际，确立了“集中、规模、质量、效益”的工作思路，形成了依托苏 75 区块不断拓展市场业务的工作格局。在工作中，克服环境复杂、点多面广等困难，积极协调抓运行，严格管理强素质，强化质量树形象，积极稳步推进外部市场工作。

2014 年 3 月，市场管理部与长庆油田业务外包工作管理部合署办公。

2015 年 7 月，长庆油田业务外包工作管理部划转河北华北油田友信勘探开发服务有限公司后，苏里格项目部保留了市场管理部业务及机构编制。

2015 年 8 月，为进一步加强和规范苏里格项目部对外协调及市场管理工作，理顺工作关系，明确工作职责，经苏里格项目部研究决定，市场管理部更名为对外协调部（市场管理部），将生产运行部（公共关系部）的对外协调工作调整到对外协调部（市场管理部）管理。定员 4 人，其中主任 1 人、对外协调管理 2 人、市场管理 1 人。对外协调部（市场管理部）主要负责按照土地征用计划征用永久及临时建设用地；负责产能建设配套服务工程的实施，保障产能建设顺利进行；负责工牧关系协调管理工作；协调牧民关系，处理各类纠纷；负责工牧纠纷隐患治理相关工程的实施，改善外部环境，保障施工项目顺利进行；负责与长庆油田土地管理部门保持密切的工作联系，保障土地征占用各类文件的及时下达和费用的及时支付；负责与地方行政管理部门保持密切的工作联系，及时掌握环保、土地等相关政策方面的要求；做好对外捐助、资助工作和法律宣传教育工作，营造和谐的外部环境；负责华北油田分公司所属器材供应处、路桥公司、通信公司等二级单位在长庆油田市场的开发、协调与管理工作。

对外协调部（市场管理部）坚持落实“企地协调责任”，及时就项目建设计划、用地手续审批、工牧关系调解等事宜与政府及相关部门进行沟通协调，求同存异，共谋发展。通过加强内部信息沟通和外协工作督导服务，及时对基层单位和承包商在纠纷预防、政策执行、关系协调、纠纷调处等方面给予更多的支持和引导，对钻前、钻井、试气以及地面工程和管线覆埋等外协问题多发领域和薄弱环节落实协调交底制度，全程进行跟踪和督查、督办，促进了土地外协“归口、原则、政策、标准”的有效统一，预防了外协纠纷问题的发生，维护了气区外协环境的稳定。密切关注生产建设和土地外协工作动态，严格按照土地外协工作职责划分，采取电话联络、周生产会对接等多种形式，跟踪处理进度，有效化解外协矛盾纠纷。加强土地外协动态监察，结合日常检查、专项检查和调研走访等活动，通过查资料、看现场、访民意等途径，重点对项目工程施工现场进行监督和检查，督促土地外协政策、管理制度的执行和落实，规范土地外协行为，加大了对违规补偿、野蛮施工、污染环境等突出土地外协问题的处理力度，积极协助政府部门对天价索赔、无理外协、恶意干扰等外协歪风予以打击，圆满完成“外协先行”的工作任务。

截至 2015 年 12 月，对外协调部（市场管理部）共有 5 人：主任 2 人、对外协调 2 人、市场管理 1 人，共有党员 2 人。

主　　任　刘文柳（2012.12—2015.7）
　　　　　杨卫东（2015.8—12）
　　　　　于志平（2015.9—12）[①]
副 主 任　闫庆国（2010.4—2011.4）
　　　　　刘文柳（2011.4—2012.12）

## 第六节　质量安全环保部（2011.6—2015.12）

2011 年 6 月，为加强质量安全环保工作，苏里格项目部成立质量安全环保部，机构规格正科级，定员 3 人，其中主任 1 人、安全环保管理 2 人。质量安全环保部主要负责工业安全、消防安全、交通安全、环境保护、员工健康监护和工业卫生的管理；负责安全环保事故的调查处理，各类事故的统计、上报工作；负责员工的劳动保护，员工工伤、职业病认定及危险化学品管理工作；负责对消防设施、安全附件（气防用具、防雷防静电设施、安全报警仪器、安全阀、阻火器、正压呼吸器）的选型、检修、维护、检验情况的管理，并对环保设施的投用、拆除及停用等进行管理；负责对工业动火、进入受限空间作业、高处作业等特种作业的安全管理提供咨询和技术支持，对责任范围内的专项作业进行审查或现场监督；负责对安全环保隐患治理和整改项目设计方案中的安全环保措施进行审查；负责新产品、新技术、新工艺应用过程中的安全审查和环境污染处理措施的审查；负责对废水、废气、废渣、噪声的控制进行监督及污染治理方案的审查；组织开展危害因素、环境因素识别及风险评价工作，提出或审核控制、消减措施及管理方案，并督促实施；负责新建、改建、扩建项目的安全、环保、职业卫生和消防“三同时”管理工作；负责协助开展 HSE 培训需求识别，对 HSE 培训的实施提供支持；负责对各单位、部门的安全管理工作进行指导及监督检查；负责 HSE 管理体系的建设、运行、审核和持续改进。

---

①　2015年9月，因华北油田分公司国际部改制，于志平挂职交流提前结束，调入对外协调部（市场管理部），任市场管理部主任。

质量安全环保部坚持“以人为本、安全第一、环保优先、质量至上”的理念，贯彻落实华北油田分公司 HSE 委员会工作会议精神，提高 HSE 管理水平。以有效运行 HSE 管理体系为基础，以严格落实安全环保责任为核心，强化安全教育，查改生产隐患，开展 HSE 管理体系内审和日常监督检查。围绕生产工作，积极开展形式多样的 HSE 系列活动，全力推动苏里格项目部健康安全环保工作稳步开展。2010 年至 2015 年，连续 6 年被评为华北油田分公司“安全环保先进单位”。

截至 2015 年 12 月，质量安全环保部共有 3 人：主任 1 人、安全环保管理 2 人，共有党员 3 人。

**主　　任**　果振山（兼任，2012.5—2015.12）
**副 主 任**　吴天春（2011.6—2012.5）

## 第七节　长庆油田业务外包工作管理部（2013.12—2015.7）

2013 年 12 月，为进一步加强和规范华北油田分公司对长庆油田劳务外包工作的管理，理顺组织架构，明确管理界面，长庆油田业务外包工作管理部成立，机构规格正科级，与市场管理部合署办公。长庆油田业务外包工作管理部定员 4 人，其中主任 1 人、副主任 1 人、市场管理 2 人。

长庆油田业务外包工作管理部主要负责长庆油田公司劳务业务的对接，工作量及合同的审定，协助完成华北油田分公司各外派单位、河北华北油田友信勘探开发服务有限公司的合同签订工作；负责按照长庆油田公司的用工要求，组织劳务输出工作；负责与长庆油田业务外包协调组及相关业务单位进行沟通，解决相关单位（部门）业务问题；负责长庆油田业务外包管理费的预算、审批、报销等工作；负责各业务外包单位外派人员的整合工作；负责苏里格地区华北油田各二级单位项目部相关业务的协调管理。

长庆油田业务外包工作管理部认真落实苏里格项目部的各项工作部署，立足于长庆油田市场，克服了民营企业大量涌入造成市场份额下降等困难，注重调研，强化沟通，积极协调。制定出台了《劳务承包工作管理手册》《劳务承包工作管理暂行办法》《劳务承包管理人员考核评价暂行办法》《关于加强队伍管理，提高员工素质，保障考核执行的管理办法（暂行）》等规章制度，编写了《提高防腐能力，抵御涉油诱惑》教育材料，开设了“华油劳务承包信箱”，畅通了信息渠道，为劳务承包工作有序开展打下了基础。

2015 年 7 月，经华北油田分公司研究决定，将苏里格项目部负责的长庆油田业务外包工作划转河北华北油田友信勘探开发服务有限公司。长庆油田业务外包工作管理部相关业务及员工 3 人同时划转。原市场管理部机构及业务继续保留在苏里格项目部。

**主　　任**　刘文柳（2014.3—2015.7）①

**副 主 任**　郭胜利（第一采油厂挂职干部，2014.3—9）

## 第八节　驻长庆第五采油厂协调管理科（2013.12—2015.7）

2013 年 12 月，驻长庆第五采油厂协调管理科成立，为项目部直属单位，机构规格正科级，定员 3 人，其中科长 1 人、协调管理 2 人。办公地点在陕西省定边县。

驻长庆第五采油厂协调管理科主要负责与长庆油田第五采油厂前线指挥部进行联系，协调解决所属作业区项目部在工作中遇到的相关问题；负责协调与甲方的关系，协调解决存在的问题；负责所属作业区项目部生活物资审定配发、相关资金使用审核，统一各作业区项目部管理制度和办法并监督执行和落实情况；负责对所属各作业区项目部领导班子进行年度综合考核；负责对违反长庆油田和华北油田分公司规章制度的员工提出处理意见。

① 2015 年 3 月至 7 月，刘文柳同时任驻长庆第五采油厂协调管理科科长。

驻长庆第五采油厂协调管理科以“摆正位置，处好关系，惠及员工；以人为本，注重落实，关爱员工；加强教育，严格管理，爱护员工；评比表彰，强化宣传，鼓舞员工”为思路，围绕持续改善劳务输出人员生产、生活环境，以协调解决业务外包工作中出现的各类问题为工作重点，贯彻落实项目部业务外包工作安排，负责堡子湾工区项目部、马家山东工区项目部、麻黄山北工区项目部、麻黄山南（冯地坑）工区项目部的业务外包协调工作。

驻长庆第五采油厂协调管理科积极与长庆油田分公司第五采油厂人事科、企管科、财务科等部门对接，周密协调，组织员工上岗前安全、制度培训，平稳实现与长庆油田撤换员工的工作交接。

2015 年 3 月，驻长庆第五采油厂协调管理科科长王峰因工作需要调离岗位，长庆油田劳务外包工作管理部主任刘文柳兼任驻长庆第五采油厂协调管理科科长。

2015 年 7 月，华北油田分公司将驻长庆第五采油厂协调管理科相关业务及人员 2 人划转河北华北油田友信勘探开发服务有限公司。

**科　　长**　王　峰（2014.3—2015.3）
刘文柳（2015.3—7）

## 第九节　驻长庆第六采油厂协调管理科（2013.12—2015.7）

2013 年 12 月，驻长庆第六采油厂协调管理科成立，为项目部直属单位，机构规格正科级，定员 3 人，其中科长 1 人、协调管理 2 人。办公地点在陕西省定边县。驻长庆第六采油厂协调管理科主要负责与长庆油田第一采油厂、第六采油厂前线指挥部进行联系，协调解决所属作业区项目部在工作中遇到的相关问题；负责协调与甲方的关系，协调解决存在的问题；负责所属作业区项目部生活物资审定配发、相关资金使用审核，统一各作业区项目部管理制度和办法并监督执行和落实情况；负责对所属各作业区项目部领导班子进行年度综合考核；负责对违反长庆油田和华北油田分公司规章制度的员工提出处理意见。

驻长庆第六采油厂协调管理科以“摆正位置，处好关系，惠及员工；以人为本，注重落实，关爱员工；加强教育，严格管理，爱护员工；评比表彰，强化宣传，鼓舞员工”为思路，围绕持续改善劳务输出人员生产、生活环境，以协调解决业务外包工作中出现的各类问题为工作重点，贯彻落实项目部业务外包工作安排，负责砖井工区项目部、安边工区项目部、武卯子工区项目部、安五工区项目部、杨井工区项目部、综合采油大队项目部的业务外包协调工作。

2015 年 7 月，华北油田分公司将驻长庆第六采油厂协调管理科相关业务及人员 3 人划转河北华北油田友信勘探开发服务有限公司。

**科　　长**　祁建成（2014.3—2015.7）

## 第十节　工程地质所（2008.7—2015.12）

2008 年 7 月，工程地质所成立，为项目部直属单位，机构规格正科级，定员 20 人，其中所长 1 人、副所长 3 人。工程地质所主要负责组织地质研究、产能建设、开发动态的管理工作；负责产量运行计划制定及调整，组织产量运行；负责钻井、录井、固井、测井、压裂试气、老井措施作业、地面工程及相关工程服务的方案设计的编制、审核，现场施工的过程管理、监督及验收；负责措施技术方案制定，排水采气、节流器投捞（疑难井、落物）、试采等现场实施过程管理及动态分析工作；负责井控管理，组织和落实井控例会制度；负责科技信息管理工作，编制科技发展规划及年度科技计划，制定科研项目管理办法，组织项目部及以上级别科研项目的全过程管理、成果验收、科技奖励评选、科技成果登记及向上级推荐科技奖项等工作。

工程地质所作为苏里格项目部的科研生产单位，坚持“改革创新”的指导思想，始终坚持推动生产与科研紧密结合，树立“科研来源于生产，科研服务于生产”的理念，大力培养青年技术人才，通过选派青年技术干部到勘探开发研究院、地球物理勘探研究院、采油工程研究院、东方物探院等单位学习交流，提高了技术人员的工作水平。通过地质研究，精细刻画砂体和气层的分布规律，不断深化气藏认识。针对苏里格气田低孔、低渗、低压、低丰度的气藏特征，在基础研究、井位部署、压裂工艺上与华北油田分公司勘探开发研究院、采油工程研究院紧密合作，大力创新认识，形成了一套适合苏 75 区块的开发技术，为三低气田的高效开发创造了条件。

2010 年 3 月，苏里格项目部党委决定，成立工程地质所党支部。自党支部成立以来，支部党员紧密围绕项目部中心工作，解放思想、转变观念、务实创新，在党风建设、组织建设及员工队伍建设等方面，充分发挥基层党组织的战斗堡垒作用和党员的先锋模范作用。通过深入践行党的群众路线、开展“三严三实”专题讨论，增强了全体党员的群众意识和自律意识，提高了立党为公、服务群众的自觉性。以建设“四强”党支部为着力点，注重党员引领作用的发挥，广泛开展“创先争优”系列活动。2013 年，王立治被授予“全国五一劳动奖章”，工程地质所荣获建设“西部大庆”劳动竞赛先进集体称号；2014 年，工程地质所被评为“全国工人先锋号”。

截至 2015 年 12 月，工程地质所共有员工 20 人，其中所长 1 人，副所长、党支部书记 1 人，专业技术人员 18 人；共有党员 11 人。

## 一、工程地质所领导名录（2008.7—2015.12）

**所　　长**　徐晓峰（2011.10—2015.12）

**常务副所长**　王立治（2011.10—2014.3）

**副 所 长**　徐晓峰（2009.1—2011.10）
王立治（2009.1—2011.10）
苏向义（2010.4—2012.5）
闫庆国（2010.10—2015.12）
吴天春（2012.5—2015.3）

## 二、工程地质所党支部领导名录（2010.3—2015.12）

**书　　记**　苏向义（2010.3—2011.10）
王立治（2011.10—2014.3）
闫庆国（2014.3—2015.12）

**委　　员**　苏向义（2010.3—2011.10）
王立治（2011.10—2014.3）

徐晓峰（2013.6—2015.12）
闫庆国（2014.3—2015.12）

## 第十一节　苏75采气作业区（2008.7—2015.12）

2008年7月，苏75采气作业区成立，为项目部直属单位，机构规格正科级，设主任、临时党支部书记1人，副主任4人。苏75采气作业区主要负责辖区天然气、凝析油的日常生产；负责气井和管道的日常维护管理，设施设备的运行、检查、维护、使用；负责属地的交通、消防等QHSE管理；负责属地危险化学品重大危险源的辨识、评估、登记建档、备案、核销及其日常运行；负责组织制订采输气管理规章制度、技术标准和操作规程，组织培训和对执行情况进行监督检查；负责作业区应急预案编制和应急演练，组织开展抢险救援及恢复工作，配合做好事故调查处理；负责编制事故隐患整改计划和方案并组织和督促实施。

2009年11月，苏75-1集气交接站投产。12月，苏75-2集气站投产。2010年10月，苏75-4集气站投产，顺利实现项目部天然气年外输能力8亿立方米的建设目标。

2010年3月，苏里格项目部党委决定，成立苏75采气作业区党支部，党支部委员会由刘文柳、杨其凯、张跃辉、常志刚、彭明均5人组成，杨其凯任党支部书记，刘文柳任党支部副书记。

同月，苏75采气作业区工会成立，工会委员会由刘文柳、杨卫东、贾书芳3人组成，刘文柳任工会主席。

2011年10月，为提升生产管理水平，细化生产队伍的业务，成立采气站，负责天然气井的巡护，井口生产设备仪表的校验以及气井增产工艺措施的实施工作。

苏75采气作业区自成立以来，紧紧围绕天然气生产工作，以“安全、平稳、和谐、创新”为主线，精心协调组织，合理调度安排，理顺生产关系；严抓设备维护、保养工作，确保运行状况良好；加强安全宣传教育，突出安全风险防控，夯实生产安全基石；强化员工技能培训工作，员工综合素质显著提升；细化生产工艺管理，强化生产动态分析，大力推广排水采气工艺技术现场应用。2012 年，荣获中华全国总工会“工人先锋号”称号；2011 年、2013 年、2015 年，三次获得“华北油田分公司先进集体”荣誉称号。2013 年，苏 75 采气作业区党支部荣获华北油田分公司“标杆党支部”称号。

截至 2015 年底，苏 75 采气作业区下设综合组、生产组、技术组、采气站、苏 75–1 集气交接站、苏 75–2 集气站、苏 75–4 集气站 7 个单位。综合组主要负责协助领导做好党支部建设，作业区党务资料、档案管理和党费及会费的收缴，安排作业区各类工作会议，华北油田分公司、项目部、工区各种文件的收发、上传下达及存档工作，作业区公章管理，宣传报道具体工作，协助领导做好综合治理和稳定工作，抓好倒班点和员工宿舍卫生检查评比工作，作业区来人来访接待工作，作业区的人事及教育培训工作，作业区员工的考勤审核、工资及奖金发放工作，作业区员工的请销假及劳动纪律检查，工会管理，节假日各类活动举办，经济核算、成本核算、效益评价，作业区范围内生产、生活、办公物资的管理与分配工作。生产组主要负责采、输气生产工艺技术的管理和处理采、输气过程中出现的问题；天然气输气生产工艺技术管理工作和处理输气生产过程中出现的问题；负责协助编制改造项目的技术方案、经济效益分析和工程项目计划书，并配合施工、质量监督验收工作；检查本单位的安全生产状况，及时排查生产安全事故隐患，提出改进安全生产管理的建议；督促落实作业区重大风险的安全管理措施；掌握设备运行情况，进行设备管理数据统计分析，及时准确上报各种设备统计报表，建立健全各种资料。技术组主要负责各项地质资料的录取、审核、考核及上报工作；作业区气藏分析，掌握气井动态，分析产量变化原因，提出可行性意见；各项排水采气施工协调及效果分析工作；集气工艺配套方案实施后的论证、分析、评价等工作；对气井生产进行监控，负责分析、处理气井出现的问题；对业务范围内的承包商进行 HSE 培训管理及检查工作。采气站主要负责每日对气井油套压、差压、温度进行认真分析、核对，及时处理故障申报系统里出现的问题井，排除异常情况；按技术组要求完成开关井操作；按时完成气井（闲置井）的巡检工作；完成每季度截断阀测试工作，及时维修故障截断阀，确保截断阀正常运行；按时完成阀池巡检工作；

做好井口、管网工艺改造施工监护工作；完成管线覆土的测试和监督施工工作；完成单井计量工作；完成气井液面测试工作。各集气站主要做好气井、站内数据和视频监控工作，按要求录取资料；做好日常生产维护及检查，保障集气站安全平稳运行；做好压缩机等设备设施检维修及工艺改造监督管理；做好巡检、防冻排液工作，监督各项参数运行动态，及时处理问题。

截至 2015 年 12 月，苏 75 采气作业区共有员工 101 人，其中科级管理人员 1 人、副科级管理人员 5 人、一般管理人员及专业技术人员 28 人、操作人员 67 人（其中任丘市华北油田友信劳务有限公司劳务员工 62 人，合同化员工 5 人）；共有党员 33 人。

## 一、苏 75 采气作业区领导名录（2008.7—2015.12）

**主　　任**　杨其凯（2010.7—2013.9）[①]
　　　　　苏向义（2013.9—2015.12）
**副 主 任**　于志平（2009.1—2010.11）
　　　　　彭明均（2009.1—2015.12）
　　　　　常志刚（2009.12—2015.12）
　　　　　张跃辉（2009.12—2015.12）
　　　　　刘文柳（2009.12—2011.4）
　　　　　杨其凯（2010.1—7）
　　　　　祁建成（2011.6—2014.3）
　　　　　刘　兵（2014.5—2015.12）
　　　　　陈　健（2014.5—2015.12）

## 二、苏 75 采气作业区党支部领导名录（2010.3—2015.12）

**书　　记**　杨其凯（2010.3—2013.9）
　　　　　苏向义（2013.9—2014.3）
　　　　　常志刚（2014.3—2015.12）
**副 书 记**　刘文柳（2010.3—2011.4）
　　　　　祁建成（2013.6—2014.3）
**委　　员**　刘文柳（2010.3—2011.4）

① 2008 年 7 月至 2010 年 7 月，苏 75 采气作业区主任空缺。

杨其凯（2010.3—2013.9）
张跃辉（2010.3—2015.12）
常志刚（2010.3—2015.12）
彭明均（2010.3—2015.12）
祁建成（2013.6—2014.3）
苏向义（2013.9—2015.12）

## 三、苏75采气作业区工会领导名录（2010.3—2015.12）

**主　　席**　刘文柳（2010.3—2011.4）[①]

## 四、苏75采气作业区所属站（组）

### （一）机关组（室）

1. 综合组（2009.12—2015.12）

**组　　长**　杨卫东（2009.12—2010.7）
朱景生（2011.4—2012.10）
李洪波（2013.1—2015.5）
郭　宁（2015.5—9）
张东升（2015.9—12）

2. 技术组（2011.10—2015.12）

**组　　长**　刘　伟（2011.10—2015.12）

3. 生产组（2010.7—2015.12）

**组　　长**　李　坡（2010.7—2011.10）
王桂同（2011.10—2014.5）
王　猛（2014.5—2015.12）

### （二）基层站

1. 苏75-1集气交接站（2009.9—2015.12）

**站　　长**　刘文柳（2009.9—12）
陈永峰（2009.12—2011.10）
郭　宁（2011.10—2012.9）
刘海婴（2012.9—2015.12）

---

① 2011年4月至2015年12月，苏75采气作业区工会主席空缺。

2. 苏 75-2 集气站（2009.9—2015.12）

**站　　长**　张跃辉（2009.9—12）

王建成（2009.12—2015.12）

3. 苏 75-4 集气站（2010.9—2015.12）

**站　　长**　王桂同（2010.9—2011.10）

李　坡（2011.10—2012.10）

朱景生（2012.10—2015.12）

4. 采气站（2011.10—2015.12）

**站　　长**　陈永峰（2011.10—2012.9）

曾　康（2012.9—2015.12）

## 第十二节　机关党支部（2008.12—2015.12）

2008 年 12 月 23 日，苏里格项目部党委成立机关党支部，果振山任党支部书记，李军任组织委员，杨其凯任宣传委员，袁福申任纪律委员，霍俊业任青年委员。机关党支部共有党员 22 人。

机关党支部主要负责机关部门党员教育和管理工作，执行党中央及上级党组织的工作部署，保障党员权利，团结群众，开展党建工作。

2009 年 11 月 5 日，苏里格项目部党委批复同意机关党支部对委员会的调整，增补高永祥为机关党支部委员。机关党支部委员会由 5 人组成，果振山任党支部书记，高永祥任组织委员，杨其凯任宣传委员，袁福申任纪律委员，霍俊业任青年委员。

2013 年 6 月 9 日，苏里格项目部党委批复同意机关党支部换届选举结果，机关党支部委员会由刘文柳、苏向义、果振山、袁福申、高永祥 5 人组成，果振山任党支部书记。机关党支部共有党员 32 人。

截至 2015 年 12 月，机关党支部委员会由 3 人组成，果振山任党支部书记，杨其凯任党支部副书记，袁福申任纪律委员。共有党员 33 人。

**党支部书记**　果振山（2008.12—2015.12）

**党支部副书记**　杨其凯（2013.9—2015.12）

**组 织 委 员**　李　军（2008.12—2009.7）
高永祥（2009.11—2015.9）
**纪 律 委 员**　袁福申（2008.12—2015.12）
**宣 传 委 员**　杨其凯（2008.12—2010.1）
**青 年 委 员**　霍俊业（2008.12—2015.3）[1]
**党支部委员**　果振山（2008.12—2015.12）
杨其凯（2008.12—2010.1；2013.9—2015.12）
李　军（2008.12—2009.7）
刘文柳（2013.6—2015.7）
苏向义（2013.6—9）
高永祥（2009.11—2015.9）

① 2015 年 3 月，霍俊业调至华北油田第一采油厂财务部。

# 第三章 附 录

## 第一节 2008年7月组织机构名录

| 单位 | | 所在地 |
|---|---|---|
| 一、机关部门 | | |
| 1 | 综合办公室 | 内蒙古自治区乌审旗 |
| 2 | 生产运行部 | 内蒙古自治区乌审旗 |
| 3 | 财务部 | 内蒙古自治区乌审旗 |
| 4 | 经营管理部 | 内蒙古自治区乌审旗 |
| 二、直属单位 | | |
| 1 | 工程地质所 | 内蒙古自治区乌审旗 |
| 2 | 苏 75 采气作业区 | 内蒙古自治区鄂托克旗 |

## 第二节　2008—2015年苏里格项目部组织机构沿革图

### 图例说明

1. 本图主要按编年记事的方式简要绘制组织机构的沿革变化，主要包括机构的成立、更名、合并、拆分、撤销、划转、托管、业务重组整合等事项。

2. 本图中机构沿革变化以“机构名称”中首字对应年份为时间节点。机构名称在一年中发生多次变更的，只显示最终名称。

3. 机构延续用“ ⟶ ”符号表示；撤销用“||”符号表示。

4. 一个机构挂两个牌子用“( )”符号表示；机构合署办公用“ ⊐ ”符号表示。

5. 机构整体划转系统内其他单位，用“ □ ”符号表示并在后面标注具体去向。

6. 具体图例符号使用详见每页机构沿革图下的图例说明。

## 苏里格项目部组织机构沿革图

2008.7 → 2009.8 → 2011.6 → 2012.5 → 2013.12 → 2014.3 → 2015.7 → 2015.8 → 2015.12 （时间）

1.机关部门

综合办公室 → 综合办公室

生产运行部 →（与公共关系部合署办公）生产运行部（公共关系部） → 生产运行部 → 生产运行部

财务部 → 财务部

经营管理部 → 经营管理部

市场管理部 →（与长庆油田业务外包工作管理部合署办公）市场管理部（长庆油田业务外包工作管理部） → 市场管理部* → 对外协调部（市场管理部） → 对外协调部（市场管理部）

质量安全环保部 → 质量安全环保部

驻长庆第五采油厂管理协调科 → □友信勘探开发公司

驻长庆第六采油厂管理协调科 → □友信勘探开发公司

2.直属单位

工程地质所 → 工程地质所

苏75采气作业区 → 苏75采气作业区

*：2015年7月，长庆油田业务外包工作管理部划转友信勘探开发公司。

图例说明　→：延续　||：撤销　□：机构划转　⌒：合署办公　（ ）：一个机构两块牌子

## 第三节　2015年12月组织机构名录

| 单位 | | 所在地 |
|---|---|---|
| 一、机关部门 | | |
| 1 | 综合办公室 | 内蒙古自治区乌审旗 |
| 2 | 生产运行部 | 内蒙古自治区乌审旗 |
| 3 | 财务部 | 内蒙古自治区乌审旗 |
| 4 | 经营管理部 | 内蒙古自治区乌审旗 |
| 5 | 对外协调部（市场管理部） | 内蒙古自治区乌审旗 |
| 6 | 质量安全环保部 | 内蒙古自治区乌审旗 |
| 二、直属单位 | | |
| 1 | 工程地质所 | 内蒙古自治区乌审旗 |
| 2 | 苏 75 采气作业区 | 内蒙古自治区鄂托克旗 |

## 第四节　生产经营状况（2009—2015）

| 年份 | 资产总额（万元） | 工业总产值（万元） | 企业增加值（万元） | 上缴税额（万元） | 利润总额（万元） | 天然气商品气量（万立方米） | 年平均员工数（个） | 劳动生产率（万元/人） |
|---|---|---|---|---|---|---|---|---|
| 2009 | 78254 | 1911 | 1761 | 67 | 1288 | 2541 | 103 | 17.10 |
| 2010 | 165986 | 41781 | 29556 | 3230 | 17770 | 51495 | 141 | 209.62 |
| 2011 | 204547 | 62937 | 46022 | 3160 | 11977 | 76355 | 159 | 289.45 |
| 2012 | 208701 | 62633 | 46424 | 3387 | 11962 | 76277 | 171 | 271.49 |
| 2013 | 192935 | 60285 | 43078 | 1763 | 839 | 74136 | 174 | 247.57 |
| 2014 | 182590 | 61152 | 51060 | 2490 | 3700 | 74852 | 184 | 277.50 |
| 2015 | 213100 | 64451 | 51206 | 7094 | 5571 | 75363 | 172 | 297.71 |

## 第五节 员工数量情况（2008—2015）

单位：个

| 年份 | 2008 | 2009 | 2010 | 2011 | 2012 | 2013 | 2014 | 2015 |
|---|---|---|---|---|---|---|---|---|
| 总人数 | 32 | 103 | 141 | 159 | 170 | 174 | 184 | 172 |
| 科级（及以上）人数 | 7 | 13 | 19 | 22 | 22 | 22 | 28 | 25 |
| 合同化员工 | 32 | 72 | 91 | 104 | 106 | 111 | 120 | 110 |
| 友信员工 | 0 | 31 | 50 | 55 | 64 | 63 | 62 | 60 |
| 市场化员工 | 0 | 0 | 0 | 0 | 0 | 0 | 2 | 2 |
| 女员工 | 2 | 18 | 18 | 30 | 30 | 30 | 30 | 28 |
| 高级技术职称员工 | 2 | 3 | 4 | 5 | 5 | 8 | 9 | 7 |

## 第六节 苏里格项目部历年党员人数和基层党组织情况

单位：个

| 年份 | | 2008 | 2009 | 2010 | 2011 | 2012 | 2013 | 2014 | 2015 |
|---|---|---|---|---|---|---|---|---|---|
| 党支部 | | 1 | 3 | 3 | 3 | 3 | 3 | 3 | 3 |
| 党员 | 总数 | 25 | 51 | 63 | 69 | 70 | 72 | 83 | 75 |
| | 女 | 2 | 13 | 14 | 21 | 21 | 21 | 22 | 21 |
| | 少数民族 | 0 | 0 | 0 | 0 | 0 | 0 | 0 | 0 |
| | 在职员工 | 25 | 51 | 63 | 69 | 70 | 72 | 83 | 75 |
| 发展党员 | | 0 | 0 | 1 | 1 | 2 | 2 | 1 | 2 |

# 第七节　先进集体及先进个人名单（2008—2015）

## 一、获得全国五一劳动奖章人员名单

| 序号 | 授予年份 | 荣誉称号 | 获奖者 | 工作单位及职务 |
|---|---|---|---|---|
| 1 | 2013 | 全国五一劳动奖章 | 王立治 | 工程地质所常务副所长、党支部书记 |
| 2 | 2014 | 全国五一劳动奖章 | 王万迅 | 苏里格项目部经理、党委副书记 |

## 二、获得局级及以上先进集体单位名单

### （一）中华全国总工会“工人先锋号”

| 序号 | 授予年份 | 荣誉称号 | 获奖单位 |
|---|---|---|---|
| 1 | 2012 | 中华全国总工会“工人先锋号” | 苏 75 采气作业区 |
| 2 | 2014 | 中华全国总工会“工人先锋号” | 工程地质所 |

### （二）集团公司建设“西部大庆”劳动竞赛先进集体、“铁人先锋号”

| 序号 | 授予年份 | 荣誉称号 | 获奖单位 |
|---|---|---|---|
| 1 | 2012 | 集团公司建设“西部大庆”劳动竞赛先进集体 | 苏里格项目部 |
| 2 | 2013 | 集团公司建设“西部大庆”劳动竞赛先进集体 | 工程地质所 |
| 3 | 2014 | 集团公司建设“西部大庆”劳动竞赛先进集体 | 生产运行部 |
| 4 | 2013 | 集团公司建设“西部大庆”劳动竞赛“铁人先锋号” | 苏 75 采气作业区采气站 |

### （三）华北油田分公司优秀“四好”领导班子、“标杆党支部”

| 序号 | 授予年份 | 荣誉称号 | 获奖单位 |
|---|---|---|---|
| 1 | 2013 | 华北油田分公司优秀“四好”领导班子 | 苏里格项目部 |
| 2 | 2015 | 华北油田分公司优秀“四好”领导班子 | 苏里格项目部 |
| 3 | 2013 | 华北油田分公司“标杆党支部” | 苏 75 采气作业区党支部 |

## （四）华北油田公司先进集体

| 序号 | 授予年份 | 荣誉称号 | 获奖单位 |
|---|---|---|---|
| 1 | 2011 | 华北油田分公司先进集体 | 苏 75 采气作业区 |
| 2 | 2013 | 华北油田分公司先进集体 | 苏 75 采气作业区 |
| 3 | 2015 | 华北油田分公司先进集体 | 苏 75 采气作业区 |

## （五）华北油田分公司安全环保先进单位

| 序号 | 授予年份 | 荣誉称号 | 获奖单位 |
|---|---|---|---|
| 1 | 2010 | 华北油田分公司安全环保先进单位 | 质量安全环保部 |
| 2 | 2011 | 华北油田分公司安全环保先进单位 | 质量安全环保部 |
| 3 | 2012 | 华北油田分公司安全环保先进单位 | 质量安全环保部 |
| 4 | 2013 | 华北油田分公司安全环保先进单位 | 质量安全环保部 |
| 5 | 2014 | 华北油田分公司安全环保先进单位 | 质量安全环保部 |
| 6 | 2015 | 华北油田分公司安全环保先进单位 | 质量安全环保部 |

# 三、获得局级及以上先进个人人员名单

## （一）河北省优秀企业家

| 序号 | 授予年份 | 荣誉称号 | 获奖者 | 工作单位及职务 |
|---|---|---|---|---|
| 1 | 2012 | 河北省优秀企业家 | 王万迅 | 苏里格项目部经理、党委书记 |

## （二）集团公司劳动模范

| 序号 | 授予年份 | 荣誉称号 | 获奖者 | 工作单位及职务 |
|---|---|---|---|---|
| 1 | 2010 | 集团公司劳动模范 | 王万迅 | 苏里格项目部经理、党委书记 |
| 2 | 2015 | 集团公司劳动模范 | 荆志强 | 工程地质所气藏开发室主任 |

## （三）集团公司优秀党员

| 序号 | 授予年份 | 荣誉称号 | 获奖者 | 工作单位及职务 |
|---|---|---|---|---|
| 1 | 2011 | 集团公司优秀党员 | 祁建成 | 工程地质所技术员 |

### （四）集团公司青年岗位能手

| 序号 | 授予年份 | 荣誉称号 | 获奖者 | 工作单位及职务 |
|---|---|---|---|---|
| 1 | 2014 | 集团公司青年岗位能手 | 郭　宁 | 苏 75 采气作业区苏 75-4 集气站副站长 |

### （五）集团公司建设“西部大庆”劳动竞赛先进个人、标兵

| 序号 | 授予年份 | 荣誉称号 | 获奖者 | 工作单位及职务 |
|---|---|---|---|---|
| 1 | 2013 | 集团公司建设“西部大庆”劳动竞赛先进个人 | 施凌丽 | 工程地质所技术员 |
| 2 | 2014 | 集团公司建设“西部大庆”劳动竞赛先进个人 | 杜佳佳 | 苏 75 采气作业区采气工 |
| 3 | 2013 | 集团公司建设“西部大庆”劳动竞赛标兵 | 王　猛 | 苏 75 采气作业区生产组副组长 |
| 4 | 2014 | 集团公司建设“西部大庆”劳动竞赛标兵 | 王桂同 | 苏 75 采气作业区生产组组长 |

# 第八节　苏里格项目部职能部门员工简明表

## 一、综合办公室（2008.7—2015.12）

| 部门名称 | 员工名录 |
|---|---|
| 综合办公室<br>（2008.7—2015.12） | 于志平（2008.9—2009.1）　王　峰（2008.9—2009.12）<br>王前通（2009.9—2014.4）　孙玉传（2009.9—2015.12）<br>葛攀娟（2008.9—2015.9）　高永祥（2009.9—2015.9）<br>曹　伟（2009.9—2015.6）　李海平（2015.9—12）<br>郭　宁（2015.9—12）　贾书芳（2014.5—2015.12）<br>王孟嘉（2015.7—12）　王志远（2015.9—12）<br>葛志军（2011.7—2012.5；2013.6—2015.12） |

## 二、生产运行部（2008.7—2015.12）

| 部门名称 | 员工名录 |
|---|---|
| 生产运行部<br>（2008.7—2012.5） | 袁福申（2008.9—2009.1）　杨其凯（2008.9—2009.1）<br>杨卫东（2010.9—2011.6）　陈　健（2009.9—2012.5）<br>杨亚军（2008.9—2011.6）　陈　鹏（2008.9—2011.12）<br>李海平（2009.9—2012.5）　何占彬（2009.9—2012.5）<br>朱　彤（2008.9—2011.7）　田　琼（2008.9—2012.5） |
| 生产运行部（公共关系部）<br>（2012.5—2015.8） | 李海平（2012.5—2015.8）　陈　健（2012.5—2014.5）<br>田　琼（2012.5—7）　陈吉庭（2012.5—2015.8）<br>何占彬（2012.5—2015.8）　李　坡（2012.11—2015.8） |
| 生产运行部<br>（2015.8—12） | 何占彬（2015.8—12）　李　坡（2015.8—12）<br>李海平（2015.8—9） |

## 三、财务部（2008.7—2015.12）

| 部门名称 | 员工名录 |
|---|---|
| 财务部（2008.7—2015.12） | 任　俐（2009.10—2013.6）　周建军（2008.9—2015.12）<br>哈长友（2008.9—2009.9）　肖斌红（2009.12—2014.5）<br>王　婧（2008.9—2015.12）　韩晓静（2013.9—2014.2）<br>朱增起（2014.7—2015.12） |

## 四、经营管理部（2008.7—2015.12）

| 部门名称 | 员工名录 |
|---|---|
| 经营管理部（2008.7—2015.12） | 苏向义（2012.5—12）　杨述学（2009.10—2015.12）<br>林庆宇（2009.9—2015.12）　张　攀（2009.9—2015.12）<br>穆　科（2008.9—2014.5） |

## 五、市场管理部—对外协调部（市场管理部）（2009.8—2015.12）

| 部门名称 | 员工名录 |
|---|---|
| 市场管理部（2009.8—2015.8） | 闫庆国（2009.9—2010.4）　李建友（2009.9—2014.4）<br>王　欣（2009.9—2011.10）　王前通（2014.4—2015.8）<br>马　波（2014.10—2015.3） |
| 对外协调部（市场管理部）（2015.8—12） | 陈吉庭（2015.8—12）　欧阳军（2015.8—12）<br>高永祥（2015.9—12） |

## 六、质量安全环保部（2011.6—2015.12）

| 部门名称 | 员工名录 |
|---|---|
| 质量安全环保部（2011.6—2015.12） | 段小鹏（2011.7—2015.12）　王　欣（2012.5—2015.12） |

## 七、长庆油田业务外包工作管理部（2013.12—2015.7）

| 部门名称 | 员工名录 |
|---|---|
| 长庆油田业务外包工作管理部（2013.12—2015.7） | 王前通（2014.4—2015.7）　马　波（2014.12—2015.3）<br>王　伟（2015.4—7）　李洪波（2015.5—7）<br>曹　伟（2015.6—7） |

## 八、驻长庆第五采油厂协调管理科（2013.12—2015.7）

| 部门名称 | 员工名录 |
|---|---|
| 驻长庆第五采油厂协调管理科（2013.12—2015.7） | 李建友（2014.3—2015.7）　　张鉴华（2014.3—2015.7） |

## 九、驻长庆第六采油厂协调管理科（2013.12—2015.7）

| 部门名称 | 员工名录 |
|---|---|
| 驻长庆第六采油厂协调管理科（2013.12—2015.7） | 陈　鹏（2014.4—2015.7）　　王　伟（2014.3—2015.3）<br>马　波（2015.3—7） |

# 第九节　人事政策文件目录（2008—2015）

| 序号 | 文件名称 | 文件编号 | 发文时间 |
|---|---|---|---|
| 一、干部管理工作 | | | |
| 1 | 关于印发《苏里格项目部科级后备干部管理办法》的通知 | 华北苏人事〔2013〕45号 | 2013年12月22日 |
| 二、员工管理工作 | | | |
| 1 | 关于印发《苏里格项目部关于开展一、二级技术带头人选聘工作》的通知 | 华北苏人事〔2012〕36号 | 2012年12月8日 |
| 2 | 关于印发《华北油田公司苏里格项目部关于深化一般管理岗位序列建设实施方案》的通知 | 华北苏人事〔2014〕17号 | 2014年4月1日 |
| 三、考核管理工作 | | | |
| 1 | 关于印发《苏里格项目部2013年考核分配办法》的通知 | 华北苏企〔2013〕10号 | 2013年3月27日 |
| 2 | 关于印发《苏里格项目部2015年考核分配办法》的通知 | 华北苏企〔2015〕9号 | 2015年3月14日 |
| 四、培训教育、人事档案管理工作 | | | |
| 1 | 华北油田分公司苏里格项目部关于印发《2013年培训计划》的通知 | 华北苏人事〔2013〕13号 | 2013年4月13日 |
| 2 | 关于印发《苏里格项目部2013年基层岗位HSE培训工作实施方案》的通知 | 华北苏人事〔2013〕19号 | 2013年6月20日 |

续表

| 序号 | 文件名称 | 文件编号 | 发文时间 |
|---|---|---|---|
| 3 | 苏里格项目部关于印发《2014年基层员工岗位HSE矩阵培训实施方案》的通知 | 华北苏人事〔2014〕9号 | 2014年3月25日 |
| 4 | 关于印发《苏里格项目部2015年基层员工岗位HSE矩阵培训实施方案》的通知 | 华北苏人事〔2015〕12号 | 2015年3月27日 |
| 5 | 关于印发《苏里格项目部2015年培训计划》的通知 | 华北苏人事〔2015〕13号 | 2015年3月27日 |
| 五、党组织建设及党员管理工作 | | | |
| 1 | 关于印发《苏里格项目部2013年党风廉政建设和纪检监察工作安排意见》的通知 | 华北苏党纪〔2013〕1号 | 2013年3月30日 |
| 2 | 《苏里格项目部“小金库”专项检查工作实施方案》 | 华北苏财〔2014〕35号 | 2014年8月28日 |
| 3 | 中共苏里格项目部委员会关于印发《党务公开工作实施办法（试行）》的通知 | 华北苏党〔2015〕13号 | 2015年7月7日 |
| 4 | 中共苏里格项目部委员会关于印发《“三严三实”专题教育实施方案》的通知 | 华北苏党〔2015〕15号 | 2015年9月2日 |
| 5 | 中共苏里格项目部委员会　苏里格项目部关于印发《“重塑中国石油良好形象”大讨论活动实施方案》的通知 | 华北苏党〔2015〕16号 | 2015年9月2日 |

# 第四章　组织人事大事纪要

## 二〇〇八年

### 七　月

**7月9日**　华北油田分公司党委决定，成立苏里格项目部临时党委，王万迅同志任临时党委书记，免去其第四采油厂党委委员职务。【华北党〔2008〕35号】

**同日**　华北油田分公司决定，王万迅任苏里格项目部经理（正处级），免去其第四采油厂副厂长、安全总监职务。【华北组〔2008〕157号】

**7月14日**　华北油田分公司决定，成立苏里格项目部，为副处级临时机构，按公司二级单位管理。项目部机关下设4个部门：综合办公室、生产运行部、财务部、经营管理部；所属单位2个：工程地质所、苏75采气作业区。【华北劳资〔2008〕164号】

### 八　月

**8月6日**　华北油田分公司党委决定，调整增补苏里格项目部临时党委组成人员，由于琛琢、王万迅、叶连池、刘立军、孙琦、李民、李沈阳、龚大华组成，王万迅同志任临时党委书记。【华北党〔2008〕36号】

**同日**　华北油田分公司决定，李沈阳、叶连池、刘立军、李民任苏里格项目部副经理，李沈阳兼任安全总监。【华北人事处〔2008〕13号】

### 九　月

**9月11日**　华北油田分公司决定，果振山任苏里格项目部经营管理部主任。【华北人事处〔2008〕16号】

**9月18日**　华北油田分公司决定，李军任苏里格项目部综合办公室副

主任。【华北人事处〔2008〕17 号】

**本年末**　苏里格项目部共有员工 32 人。【2008 年度人事劳资报表资料】

## 二〇〇九年

### 一　月

**1 月 21 日**　华北油田分公司人事处（组织部）批复，袁福申、杨其凯任生产运行部副主任；徐晓峰、王立治任工程地质所副所长；霍俊业任财务部副主任；于志平、彭明均任苏 75 采气作业区副主任。【华北人事处〔2009〕1 号】

### 五　月

**5 月 4 日**　华北油田分公司工会批复，成立苏里格工会委员会，委员会由王万迅、李军、李民、果振山、霍俊业、徐晓峰、于志平 7 人组成，王万迅同志任工会主席。【华北工会〔2009〕21 号】

### 八　月

**8 月 26 日**　华北油田分公司批复，苏里格项目部成立市场管理部，为正科级机构，定员 5 人。【华北劳资处〔2009〕22 号】

### 十 二 月

**12 月 31 日**　华北油田分公司人事处（组织部）批复，常志刚、刘文柳、张跃辉任苏 75 采气作业区副主任；王峰任综合办公室副主任。【华北人事处〔2009〕17 号】

**本年末**　苏里格项目部共有员工 103 人。【2009 年度人事劳资报表资料】

# 二〇一〇年

## 一　月

**1 月 2 日**　苏里格项目部决定，杨其凯任苏 75 采气作业区副主任（负责全面工作），免去其生产运行部副主任职务。【华北苏人事〔2010〕1 号】

## 三　月

**3 月 16 日**　华北油田分公司党委决定，成立中共中国石油华北油田分公司苏里格项目部委员会，由王万迅、叶连池、刘立军、李民、李沈阳等 5 人组成，王万迅同志任党委书记；成立中共中国石油华北油田分公司苏里格项目部纪律检查委员会，委员会由（以姓氏笔画为序）于志平、王峰、刘文柳、刘立军、高永祥 5 名同志组成，刘立军同志任纪委书记；撤销中共中国石油华北油田分公司苏里格项目部临时委员会。【华北党〔2010〕21 号】

**3 月 19 日**　苏里格项目部党委决定，成立苏 75 采气作业区党支部，委员会由（以姓氏笔画为序）刘文柳、杨其凯、张跃辉、常志刚、彭明均 5 名同志组成，杨其凯同志任苏 75 采气作业区党支部书记，刘文柳同志任副书记。同日，成立工程地质所党支部，苏向义同志任工程地质所党支部书记【华北苏党〔2010〕7 号】

**3 月 20 日**　苏里格项目部工会批复，成立苏 75 采气作业区工会委员会，苏 75 采气作业区工会委员会由刘文柳、杨卫东、贾书芳 3 名同志组成，刘文柳同志任工会主席。【华北苏工会〔2010〕2 号】

## 四　月

**4 月 23 日**　苏里格项目部决定，苏向义任工程地质所副所长，闫庆国任市场管理部副主任。【华北苏人事〔2010〕18 号】

## 六　月

**6 月 21 日**　华北油田分公司明确，苏里格项目部为正处级二级单位。

项目部领导 5 人（经理兼党委书记 1 人、副经理 3 人、副经理兼总会计师 1 人）；科级职数 16 人。设机关部门 5 个：综合办公室、生产运行部、财务部、经营管理部、市场管理部，定员 31 人，其中科级职数 7 人。【华北劳资〔2010〕113 号】

## 七　月

**7 月 26 日**　苏里格项目部决定，杨其凯任苏 75 采气作业区主任。【华北苏人事〔2010〕19 号】

## 九　月

**9 月 20 日**　华北油田分公司决定，李沈阳任苏里格项目部副经理、安全总监；叶连池、刘立军、李民任苏里格项目部副经理。【华北组〔2010〕174 号】

## 十　月

**10 月 14 日**　苏里格项目部决定，闫庆国任工程地质所副所长。【华北苏人事〔2010〕26 号】

## 十 一 月

**11 月 18 日**　苏里格项目部决定，于志平任综合办公室主任。【华北苏人事〔2010〕30 号】

**本年末**　苏里格项目部共有员工 141 人。【2010 年度人事劳资报表资料】

# 二〇一一年

## 四　月

**4 月 25 日**　苏里格项目部决定，刘文柳任市场管理部副主任，免去其苏 75 采气作业区副主任职务；免去闫庆国的市场管理部副主任职务。【华北

苏人事〔2011〕12号】

### 五　月

**5月4日**　华北油田分公司批复，苏里格项目部机关增设质量安全环保部，定员3人，其中科长职数1人。【华北劳资〔2011〕71号】

### 六　月

**6月25日**　苏里格项目部决定，杨卫东任生产运行部副主任；吴天春任质量安全环保部副主任；祁建成任苏75采气作业区副主任。【华北苏人事〔2011〕15号】

### 十　月

**10月8日**　苏里格项目部决定，袁福申任生产运行部主任；霍俊业任财务部主任；徐晓峰任工程地质所所长；王立治任工程地质所常务副所长。【华北苏人事〔2011〕27号】

**同日**　苏里格项目部党委决定，王立治任工程地质所党支部书记，免去苏向义的工程地质所党支部书记职务。【华北苏党〔2011〕19号】

**本年末**　苏里格项目部共有员工159人。【2011年度人事劳资报表资料】

## 二〇一二年

### 四　月

**4月23日**　华北油田分公司党委决定，刘立军同志任苏里格项目部工会主席。【华北党〔2012〕25号】

### 五　月

**5月8日**　苏里格项目部决定，果振山任安全副总监。【华北苏人事〔2012〕14号】

**同日**　苏里格项目部决定，果振山兼任质量安全环保部主任，免去其经营管理部主任职务；苏向义任经营管理部副主任，免去其工程地质所副所长职务；吴天春任工程地质所副所长，免去其质量安全环保部副主任职务；杨卫东兼任公共关系部副主任。【华北苏人事〔2012〕15号】

## 六　月

**6月8日**　华北油田分公司人事处批复，苏里格项目部下设6个部门：综合办公室、经营管理部、财务部、生产运行部（公共关系部）、质量安全环保部、市场管理部；2个直属单位：苏75采气作业区、工程地质所；管理职数限额55人，其中科级职数18人。【华北人事处〔2012〕20号】

## 十 一 月

**11月14日**　中共华北油田分公司苏里格项目部委员会换届选举党员大会召开，选举产生新一届委员会和纪律委员会。苏里格项目部党委由（以姓氏笔画为序）王万迅、叶连池、刘立军、李民、李沈阳5人组成，王万迅同志任党委书记；苏里格项目部纪委由（以姓氏笔画为序）于志平、王立治、刘立军、祁建成、高永祥5人组成，刘立军同志任纪委书记。【华北党〔2012〕114号】

## 十 二 月

**12月8日**　苏里格项目部决定：苏向义任经营管理部主任；刘文柳任市场管理部主任。【华北苏人事〔2012〕35号】

**12月11日**　华北油田分公司党委决定，潘忠琪同志任苏里格项目部党委书记、党委委员、纪委书记、工会主席；免去王万迅同志的苏里格项目部党委书记职务，改兼任党委副书记；免去刘立军同志的纪委书记、工会主席职务；免去李民同志的党委委员职务。【华北党〔2012〕121号】

**同日**　华北油田分公司决定，潘忠琪任苏里格项目部副经理；免去李民的苏里格项目部副经理职务。【华北组〔2012〕231号】

**本年末**　苏里格项目部共有员工170人。【2012年度人事劳资报表资料】

# 二〇一三年

## 六　月

**6 月 9 日**　苏里格项目部党委批复：苏里格项目部机关党支部委员会由刘文柳、苏向义、果振山、袁福申、高永祥 5 名同志组成，果振山同志任党支部书记。苏里格项目部苏 75 采气作业区党支部委员会由祁建成、杨其凯、张跃辉、常志刚、彭明均 5 名同志组成，杨其凯同志任党支部书记，祁建成同志任党支部副书记。苏里格项目部工程地质所党支部委员会由王立治、闫庆国、徐晓峰 3 名同志组成，王立治同志任党支部书记。【华北苏党〔2013〕16 号】

## 八　月

**8 月 23 日**　华北油田分公司工会批复，同意苏里格项目部工会 2013 年 7 月 28 日召开的第一次会员代表大会选举结果。苏里格项目部工会第一届委员会由于志平、王立治、祁建成、苏向义、潘忠琪 5 人组成，潘忠琪同志任工会主席，于志平同志任工会副主席。苏里格项目部工会第一届经费审查委员会由于志平、孙玉传、刘文柳、肖斌红、霍俊业 5 人组成，于志平同志任主任。【华北工会〔2013〕13 号】

## 九　月

**9 月 5 日**　苏里格项目部党委决定：苏向义任苏 75 采气作业区党支部书记，免去杨其凯的苏 75 采气作业区党支部书记职务。【华北苏党〔2013〕22 号】

**同日**　苏里格项目部决定：杨其凯任经营管理部主任，免去其苏 75 采气作业区主任职务；苏向义任苏 75 采气作业区主任，免去其经营管理部主任职务。【华北苏人事〔2013〕28 号】

## 十 二 月

**12 月 27 日**　华北油田分公司决定，将长庆油田业务外包工作调整到苏里格项目部管理。苏里格项目部增设主管常务副经理 1 人；设立长庆油田业务外包工作管理部，为正科级机构，定员 4 人，其中科长 1 人、副科长 1 人；设立驻长庆第五采油厂协调管理科，为正科级机构，定员 3 人，其中科长 1 人；设立驻长庆第六采油厂协调管理科，为正科级机构，定员 3 人，其中科长 1 人。【华北人事〔2013〕217 号】

**本年末**　苏里格项目部用工总量 174 人。【2013 年度人事劳资报表资料】

# 二〇一四年

## 一 月

**1 月 15 日**　华北油田分公司党委决定，增补李秀云、李先平同志为苏里格项目部党委委员，免去刘立军同志的苏里格项目部党委委员职务。【华北党〔2014〕5 号】

**同日**　华北油田分公司决定，李秀云任苏里格项目部常务副经理（正处级），李先平任苏里格项目部副经理，免去刘立军的苏里格项目部副经理职务。【华北组〔2014〕10 号】

## 三 月

**3 月 6 日**　苏里格项目部党委决定，免去王立治同志的工程地质所党支部书记职务。【华北苏党〔2014〕3 号】

**同日**　苏里格项目部决定，王立治任苏里格项目部副总工程师，免去其工程地质所常务副所长职务；刘文柳任长庆油田业务外包工作管理部主任；郭胜利任长庆油田业务外包工作管理部副主任（挂职交流）。【华北苏人事〔2014〕4 号】

**3 月 12 日**　苏里格项目部党委决定，闫庆国同志任工程地质所党支部书记；常志刚同志任苏75采气作业区党支部书记；免去苏向义同志的苏75采气作业区党支部书记职务。【华北苏党〔2014〕4号】

**同日**　苏里格项目部决定，王峰同志任驻长庆第五采油厂协调管理科科长，免去其综合办公室副主任职务；祁建成同志任驻长庆第六采油厂协调管理科科长，免去其苏75采气作业区副主任职务。【华北苏人事〔2014〕6号】

### 五　月

**5月27日**　苏里格项目部决定，王桂同任综合办公室副主任；穆科任经营管理部副主任；肖斌红任财务部副主任；陈健任苏75采气作业区副主任；刘兵任苏75采气作业区副主任。【华北苏〔2014〕27号】

### 十　一　月

**11月24日**　华北油田分公司党委研究决定，沈华同志任苏里格项目部党委委员、副书记；免去王万迅同志的党委副书记、党委委员职务。【华北党〔2014〕56号】

**同日**　华北油田分公司决定，沈华任苏里格项目部经理，免去王万迅的苏里格项目部经理职务。【华北组〔2014〕143号】

**本年末**　苏里格项目部用工总量184人。【2014年度人事劳资报表资料】

## 二〇一五年

### 一　月

**1月16日**　华北石油管理局决定，成立苏里格项目部，为管理局正处级二级单位。项目部管理职数66人，其中处级职数6人、科级职数22人。项目部机关职能部门定员40人，其中科级职数11人。项目部设7个部门：综合办公室、经营管理部、财务部、生产运行部（公共关系部）、质量安全环保部、市场管理部、长庆油田业务外包工作管理部，下设2个直属单位：

苏75采气作业区、工程地质所。【华油人事〔2015〕2号】

## 二　月

**2月9日**　苏里格项目部在内蒙古自治区乌审旗注册为内资非法人企业（营业执照）分支机构，办公地点设在内蒙古自治区鄂尔多斯市乌审旗。【《苏里格项目部部门大事记2015年》】

## 三　月

**3月22日**　苏里格项目部决定，孙占贵任财务部主任；王峰任综合办公室主任，免去其驻长庆第五采油厂协调管理科科长职务；刘文柳任驻长庆第五采油厂协调管理科科长；吴天春任生产运行部副主任，免去其工程地质所副所长职务；因干部挂职交流，免去于志平的综合办公室主任职务。【华北苏人事〔2015〕6号】

## 六　月

**6月14日**　华北油田分公司党委决定，免去李秀云同志的苏里格项目部党委委员职务。【华北党〔2015〕26号】

**同日**　华北油田分公司决定，免去李秀云的苏里格项目部常务副经理职务。【华北组〔2015〕72号】

## 七　月

**7月3日**　华北油田分公司人事处决定，将苏里格项目部负责的长庆油田业务外包工作划入河北华北油田友信勘探开发服务有限公司管理。长庆油田业务外包工作管理部、驻长庆第五采油厂协调管理科、驻长庆第六采油厂协调管理科及人员，按照“人随机构、业务走”的原则，一并划入河北华北油田友信勘探开发服务有限公司。【华北人事处〔2015〕20号】

## 八　月

**8月23日**　苏里格项目部决定，市场管理部更名为对外协调部（市场管理部），将公共关系部以及原市场管理部业务调整到对外协调部（市场管

理部）管理，杨卫东任对外协调部（市场管理部）主任，免去其生产运行部副主任职务。【华北苏人事〔2015〕37号】

## 九　月

**9月24日**　华北油田分公司党委决定，免去李沈阳的苏里格项目部党委委员职务。【华北党〔2015〕42号】

**同日**　华北油田分公司决定，免去李沈阳的苏里格项目部副经理、安全总监职务。【华北组〔2015〕126号】

**9月28日**　苏里格项目部决定，于志平任市场管理部主任。【华北苏人事〔2015〕43号】

## 十二月

**12月2日**　华北油田分公司党委决定，增补苏向义同志为苏里格项目部党委委员。【华北党〔2015〕48号】

**同日**　华北油田分公司决定，苏向义任苏里格项目部副经理、安全总监。【华北组〔2015〕143号】

**本年末**　苏里格项目部用工总量172人。【2015年度人事劳资报表资料】

# 后　记

在华北油田分公司人事处、《华北油田组织史资料》编纂办公室的领导和专家的指导下，在苏里格项目部历任领导的关心和支持下，经过全体编纂人员的辛勤努力，由苏里格勘探开发分公司综合办公室组织编纂的《华北油田组织史资料（基层卷）第一部　第十三卷》正式出版了。书中以组织机构的建立、发展、沿革为主体，系统地展现了苏里格项目部从成立到改革发展、创新突破的发展历程，对于总结组织建设发展规律和经验、传承历史将起到积极作用。

2013 年 4 月，华北油田分公司下发《关于全面启动〈中国石油华北油田组织史资料〉编纂工作的通知》，全面启动企业卷、基层卷的编纂工作。苏里格项目部按照《〈华北油田组织史资料〉编纂工作方案》《〈华北油田组织史资料〉编纂技术规范》的要求，研究确定了工作方案、篇目框架、收录范围、编纂规范，制定了编纂工作方案，从理清组织发展、组织机构沿革变化等方面入手，收集历年文件、会议材料、领导讲话录音、统计报表等资料，认真编写。

在组织史编纂的过程中，苏里格项目部按照“实事求是、尊重历史”的原则和“广征、核准、精编、严审”的工作方针，反复查阅资料，注明出处，列出机构变化、人员任免职文件依据等各项资料明细，力争全面、系统、真实地反映机构变化和领导人员更迭情况，同时，多次向有关领导咨询相关事宜，做到每一个数据来源和出处准确。在编写过程中，坚持文字叙述前后衔接、机构沿革前后衔接、领导人员名录前后衔接，摘录资料与编写资料核对、打印资料与编写资料核对，特别是对领导人员任免、机构调整等重要时间的认定，不主观臆断，以公司文件作为依据。2017 年 12 月，在编纂组人员的共同努力下，本书最终统稿成书。

编纂苏里格项目部组织史资料既是落实集团公司、华北油田分公司的一项工作部署，同时也是苏里格项目部发展建设的内在需求。苏里格项目部自 2008 年成立以来，在领导班子和人才队伍建设、党的建设、思想政治工作等方面都取得了很好的成绩，本书客观地叙述了苏里格项目部的发展历程和取得的主要成绩。

本书在成书的过程中，得到了苏里格项目部领导的重视和指导，得到了各部门的支持和帮助。综合办公室各岗位的同志认真核实数据资料，精心编纂，确保编纂工作顺利完成。

值此《华北油田组织史资料（基层卷）第一部　第十三卷》出版之际，谨向对编纂工作给予支持和帮助的所有单位和人员表示衷心的感谢。

此外，由于机构沿革实际情况比较复杂、部分资料缺失等，加之编纂者的水平有限，书中难免有错漏不详之处，恳请读者批评指正。

**编纂组联系方式**

地址：内蒙古自治区鄂尔多斯市乌审旗六马路苏里格气田指挥中心第五项目部

邮编：017300

电话：0477-7229601

传真：0477-7229600

苏里格项目部组织史资料编纂组

2025 年 4 月

# 《中国石油华北油田组织史资料》系列图书出版说明

为充分发挥组织史“资政、存史、育人、交流”的作用，按照中国石油天然气集团公司（以下简称集团公司）的要求，华北油田分公司于 2013 年 4 月同步启动《中国石油华北油田组织史资料》系列图书企业卷和基层卷的编纂工作，并明确由华北油田分公司人事处负责具体牵头组织。

《中国石油华北油田组织史资料》（1976—2013）企业卷（编号 CNPC-YT10）共 3 卷 4 册，由华北油田组织史资料编纂办公室组织编纂，集团公司人事部编纂办公室规范性审查后，由石油工业出版社统一出版，于 2016 年 12 月出版发放。

《华北油田组织史资料》（基层卷）第一部共 37 卷 40 册，由各基层企事业单位人事部门负责牵头组织编纂并形成初稿。华北油田组织史资料编纂办公室规范性审查后提出审核意见，各基层企事业单位按照审核意见修改合格，形成送审稿。送审稿报集团公司人事部编纂办公室规范性审查后，由石油工业出版社统一出版。《中国石油华北油田组织史资料》（基层卷）第一部出版编码：HBYT-JCJ-1-01 至 HBYT-JCJ-1-37。

编纂《中国石油华北油田组织史资料》系列图书是响应集团公司安排部署，全面加强组织人事工作科学化、规范化建设的重要任务，是一项政策性、技术性、规范性、连续性很强的业务工作，是《中国石油组织史资料》的重要组成部分。《中国石油华北油田组织史资料》系列图书的编纂，厘清了华北油田勘探开发 40 年来，从华北石油会战指挥部到华北石油管理局和华北油田分公司各级党政组织的成立、更名、发展、撤并以及领导干部变动情况等内容，为企业资政、存史、育人、交流提供了真实可信的依据。这套翔实完整的系列图书，从工业企业史的角度丰富了华北油田的历史资料，为组织人事、史志研究、档案管理等部门人员从事相关业务提供了诸多便利，为体制改革和机构调整提供了历史借鉴。值此《中国石油华北油田组织史资料》系列图书出版之际，谨向对该套图书出版工作给予支持和帮助的所有单位和人员表示衷心的感谢！

由于掌握资料和编纂者水平有限，丛书难免存有错漏，恳请读者批评指正。对华北油田企业卷、基层卷的意见建议请联系华北油田组织史资料编纂办公室；对各单位基层卷的意见建议请联系各单位编纂组或组织史资料编纂办公室。对书中错漏之处我们将统一在今后续编时一并修改完善。

**华北油田组织史资料编纂办公室联系方式**
联系单位：中国石油华北油田分公司人力资源部 / 党委组织部
通信地址：河北省任丘市
联系电话：0317-2725521，2704209
电子邮箱：rsc_yz@petrochina.com.cn，hj_weitong@petrochina.com.cn

# 《中国石油华北油田组织史资料》系列图书目录

| 《中国石油华北油田组织史资料》企业卷（共 4 卷 12 册） | | |
|---|---|---|
| **编号** | **卷号** | **卷名** |
| CNPC-YT10 | 第一卷 | 华北石油会战指挥部（1976.2—1981.6） |
| CNPC-YT10 | 第二卷（共二册） | 华北石油管理局（1981.6—2008.2）（上） |
| | | 华北石油管理局（1981.6—2008.2）（下） |
| CNPC-YT10 | 第三卷 | 华北油田分公司（1997.7—2013.12） |
| CNPC-YT10 | 第四至六卷（共八册） | 华北油田分公司（2014.1—2018.12） |
| **华北油田组织史资料（基层卷）第一部（共 37 卷 40 册）** | | |
| **编号** | **卷号** | **卷名** |
| HBYT-JCJ-1-01 | 第一卷（上） | 第一部分　油田指挥部一采油厂（1976.3—1983.1） |
| | | 第二部分　华北石油管理局 第一采油厂（1983.1—1999.9） |
| | 第一卷（下） | 第三部分　华北油田分公司 第一采油厂（1999.9—2015.12） |
| HBYT-JCJ-1-02 | 第二卷 | 第二采油厂（1983.1—2015.12） |
| HBYT-JCJ-1-03 | 第三卷 | 第三采油厂（1983.1—2015.12） |
| HBYT-JCJ-1-04 | 第四卷 | 第四采油厂（1983.1—2015.12） |

续表

| 编号 | 卷号 | 卷名 |
| --- | --- | --- |
| HBYT-JCJ-1-05 | 第五卷 | 第五采油厂（1986.8—2015.12） |
| HBYT-JCJ-1-06 | 第六卷（上） | 第一部分　二连公司（1984.4—1999.9） |
|  | 第六卷（下） | 第二部分　二连分公司（1999.9—2015.12） |
|  |  | 第三部分　二连油区综合服务处（1999.9—2006.3） |
| HBYT-JCJ-1-07 | 第七卷 | 储气库管理处（2010.2—2015.12） |
| HBYT-JCJ-1-08 | 第八卷 | 第一部分　油田勘探开发研究院—石油勘探开发研究院（1973.12—1977.8） |
|  |  | 第二部分　石油勘探开发设计研究院（1977.8—1984.11） |
|  |  | 第三部分　勘探开发研究院（1984.11—2015.12） |
| HBYT-JCJ-1-09 | 第九卷 | 采油工程研究院（1983.1—2015.12） |
| HBYT-JCJ-1-10 | 第十卷 | 地球物理勘探研究院（1999.12—2015.12） |
| HBYT-JCJ-1-11 | 第十一卷 | 数据中心—数据中心（档案中心）（2014.7—2015.12） |
| HBYT-JCJ-1-12 | 第十二卷 | 第一部分　山西煤层气勘探开发分公司（2006.5—2015.12） |
|  |  | 第二部分　长治煤层气勘探开发分公司（2011.5—2016.11） |
| HBYT-JCJ-1-13 | 第十三卷 | 苏里格项目部（2008.5—2015.12） |
| HBYT-JCJ-1-14 | 第十四卷 | 第一部分　燃气处（2005.1—2009.7） |
|  |  | 第二部分　河北华港燃气有限公司—华港燃气集团有限公司（2009.7—2015.12） |
| HBYT-JCJ-1-15 | 第十五卷 | 第一部分　科工贸总公司（1992.7—2004.9） |
|  |  | 第二部分　河北华北石油天成实业集团有限公司（2004.9—2015.12） |
| HBYT-JCJ-1-16 | 第十六卷 | 第一部分　房产开发公司（华北油田城市综合开发实业总公司）—华北油田城市综合开发实业总公司（1993.2—2004.5） |
|  |  | 第二部分　河北华北石油房地产开发有限公司（2004.5—2015.12） |
| HBYT-JCJ-1-17 | 第十七卷 | 第一部分　第二综合服务处（1996.3—2002.12） |
|  |  | 第二部分　第五综合服务处（1996.12—2010.3） |
|  |  | 第三部分　第九综合服务处（1996.12—2001.6） |
|  |  | 第四部分　华美物业管理处（2001.4—2010.3） |
|  |  | 第五部分　华美综合服务处（2010.3—2015.12） |

续表

| 编号 | 卷号 | 卷名 |
| --- | --- | --- |
| HBYT-JCJ-1-18 | 第十八卷 | 第一部分　第四综合服务处（1996.4—2005.4） |
| | | 第二部分　第十五综合服务处（1996.12—2005.4） |
| | | 第三部分　华丽综合服务处（2005.4—2015.12） |
| HBYT-JCJ-1-19 | 第十九卷 | 第一部分　第六综合服务处（1996.12—2007.3） |
| | | 第二部分　第十一综合服务处（1996.12—2007.3） |
| | | 第三部分　第七综合服务处（1996.12—2010.3） |
| | | 第四部分　华佳综合服务处（2007.3—2015.12） |
| HBYT-JCJ-1-20 | 第二十卷 | 第一部分　第三综合服务处（1996.4—2008.10） |
| | | 第二部分　第十三综合服务处（1996.12—2008.10） |
| | | 第三部分　华苑综合服务处（2008.10—2015.12） |
| HBYT-JCJ-1-21 | 第二十一卷 | 第一部分　第一综合服务处（1996.4—2008.10） |
| | | 第二部分　第十四综合服务处（1996.12—2008.10） |
| | | 第三部分　华兴综合服务处（2008.10—2015.12） |
| HBYT-JCJ-1-22 | 第二十二卷 | 第十二综合服务处—华隆综合服务处（1996.12—2015.12） |
| HBYT-JCJ-1-23 | 第二十三卷 | 第一部分　第八综合服务处（1996.12—2010.3） |
| | | 第二部分　华盛综合服务处（2010.3—2015.12） |
| HBYT-JCJ-1-24 | 第二十四卷 | 第十综合服务处—华达综合服务处（1996.12—2015.12） |
| HBYT-JCJ-1-25 | 第二十五卷 | 公用事业管理处（1981.11—2015.12） |
| HBYT-JCJ-1-26 | 第二十六卷 | 供水供电服务中心（2010.3—2015.12） |
| HBYT-JCJ-1-27 | 第二十七卷 | 第一部分　总医院（1976.5—2015.12） |
| | | 第二部分　第二医院（1988.6—1997.1） |
| | | 第三部分　医疗卫生管理中心（1996.11—2006.3） |
| HBYT-JCJ-1-28 | 第二十八卷 | 第一部分　《华北石油报》社（1976.2—2003.5） |
| | | 第二部分　新闻文化管理处（1992.9—1994.5） |
| | | 第三部分　华北油田有线广播电视台（1998.10—2003.5） |
| | | 第四部分　新闻中心（2003.5—2015.12） |
| HBYT-JCJ-1-29 | 第二十九卷 | 第一部分　水电指挥部（1976.4—1981.9） |
| | | 第二部分　水电厂（1981.9—2015.12） |

续表

<table>
<tr><th>编号</th><th>卷号</th><th>卷名</th></tr>
<tr><td rowspan="3">HBYT-JCJ-1-30</td><td rowspan="3">第三十卷</td><td>第一部分　华北石油会战指挥部供应指挥部（1976.3—1981.9）</td></tr>
<tr><td>第二部分　华北石油管理局器材供应处（1981.9—2008.2）</td></tr>
<tr><td>第三部分　华北油田分公司器材供应处（2008.2—2015.12）</td></tr>
<tr><td rowspan="2">HBYT-JCJ-1-31</td><td rowspan="2">第三十一卷</td><td>第一部分　通讯处（1976.4—1997.8）</td></tr>
<tr><td>第二部分　通信公司—华北石油通信公司（1997.8—2015.12）</td></tr>
<tr><td>HBYT-JCJ-1-32</td><td>第三十二卷</td><td>河北华北石油路桥工程有限公司（2000.2—2015.12）</td></tr>
<tr><td>HBYT-JCJ-1-33</td><td>第三十三卷</td><td>消防支队（2004.12—2015.12）</td></tr>
<tr><td>HBYT-JCJ-1-34</td><td>第三十四卷</td><td>公司小车队（1976.3—2015.12）</td></tr>
<tr><td rowspan="7">HBYT-JCJ-1-35</td><td rowspan="5">第三十五卷（上）</td><td>第一部分　华北石油党校（1977.4—2003.5）</td></tr>
<tr><td>第二部分　华北石油技工学校（1978.9—1996.11）</td></tr>
<tr><td>第三部分　华北石油卫生学校（1982.11—2003.5）</td></tr>
<tr><td>第四部分　华北石油财经学校（1983.9—1996.11）</td></tr>
<tr><td>第五部分　华北石油教育学院（1983.11—2003.5）</td></tr>
<tr><td rowspan="2">第三十五卷（下）</td><td>第六部分　华北石油中等职业学校（1996.11—2003.5）</td></tr>
<tr><td>第七部分　华油职业技术学院—渤海石油职业学院（2003.5—2015.12）</td></tr>
<tr><td rowspan="3">HBYT-JCJ-1-36</td><td rowspan="3">第三十六卷</td><td>第一部分　华北石油技工学校（1976.9—1978.7）</td></tr>
<tr><td>第二部分　华北石油学校（1978.7—2004.2）</td></tr>
<tr><td>第三部分　天津石油职业技术学院（2004.2—2015.12）</td></tr>
<tr><td rowspan="3">HBYT-JCJ-1-37</td><td rowspan="3">第三十七卷</td><td>第一部分　接待处—招待处（1976.2—2008.11）</td></tr>
<tr><td>第二部分　北戴河石油工人疗养院—职工疗养院—北戴河疗养院（1976.2—2008.11）</td></tr>
<tr><td>第三部分　招待处（北戴河疗养院）（2008.11—2015.12）</td></tr>
</table>